骆焦煌 骆毅林 编著

中学生Python
程序设计基础教程

清华大学出版社

北 京

内 容 简 介

本书采用理论与实践相结合、边讲边练的形式编写，以 Python 自带的 IDLE 和 Anaconda 为主要学习工具，系统、全面地介绍了 Python 的基础知识与应用方法。本书内容主要包括 Python 语言简介及软件安装、Python 语言基础与算法、Python 序列结构、程序控制结构、函数与模块、面向对象基础、Python 标准库与第三方库、科学计算库 Numpy、数据分析库 Pandas 和文件。

本书采用通俗易懂、图文并茂、循序渐进的方式进行讲解，通过动手操作实例与习题练习，帮助初学者较好地理解和掌握 Python 知识。本书适合作为中学生"信息技术"课程的配套教材，也可作为 Python 入门学习的指导用书。

图书在版编目（CIP）数据

中学生 Python 程序设计基础教程/骆焦煌，骆毅林编著.—北京：清华大学出版社，2021.5
ISBN 978-7-302-57783-6

Ⅰ.①中… Ⅱ.①骆… ②骆… Ⅲ.①软件工具－程序设计－中学－教学参考资料 Ⅳ.①G634.673

中国版本图书馆 CIP 数据核字(2021)第 055478 号

责任编辑：颜廷芳
封面设计：常雪影
责任校对：李　梅
责任印制：宋　林

出版发行：清华大学出版社
　　　　网　　　址：http://www.tup.com.cn，http://www.wqbook.com
　　　　地　　　址：北京清华大学学研大厦 A 座　　　　　邮　　编：100084
　　　　社 总 机：010-62770175　　　　　　　　　　　　邮　　购：010-62786544
　　　　投稿与读者服务：010-62776969，c-service@tup.tsinghua.edu.cn
　　　　质量反馈：010-62772015，zhiliang@tup.tsinghua.edu.cn
　　　　课件下载：http://www.tup.com.cn,010-83470410
印 装 者：三河市龙大印装有限公司
经　　销：全国新华书店
开　　本：185mm×260mm　　　　印　　张：11.5　　　　字　　数：290 千字
版　　次：2021 年 6 月第 1 版　　　　　　　　　　　　印　　次：2021 年 6 月第 1 次印刷
定　　价：49.00 元

产品编号：089604-01

前 言
PREFACE

计算机技术的发展促进了程序设计语言的发展,特别是面向对象程序设计语言的出现,极大地改进了传统的程序设计方法。如 Python 语言编程,它作为一种解释型的编程语言,具有简洁、易读、灵活和可扩展等特点,深受广大程序设计爱好者的追捧。

本书基于 Python 3.6 和 Anaconda 3 版本,以"基础入门、重在实践"为目标,在编写中注重理论与实践相结合,通过大量的实例,由浅入深、循序渐进地介绍了 Python 语言的基础知识和应用方法。

本书共有 10 章,其内容如下。

第 1 章主要包括 Python 语言简介、Python 开发环境及工具、软件安装。

第 2 章主要包括 Python 程序编写风格、Python 变量、Python 数据类型、Python 运算符与表达式、Python 常用函数和算法的概念。

第 3 章主要包括 Python 的列表、元组、字典和集合。

第 4 章主要包括 Python 的顺序控制语句、if 选择语句、循环语句、异常处理和 Python 实现常用算法程序。

第 5 章主要包括函数概述、函数的声明和调用、参数的传递、函数的返回值和变量的作用域。

第 6 章主要包括面向对象编程的基本概念、类的定义和使用、类的属性和方法、类的继承。

第 7 章主要包括库的导入与使用、turtle 库、random 库和随机数、datetime 库、Matplotlib 库。

第 8 章主要包括 Numpy ndarray 对象、创建 Numpy 数组和 Numpy 数组运算。

第 9 章主要包括 Pandas 数据类型、Pandas 算术运算与数据对齐、Pandas 数据排序、Pandas 常用计算函数和 Pandas 读写文件数据。

第 10 章主要包括文件概述、关系数据库。

本书主要面向初学者,内容通俗易懂,理实同步,讲练结合,实例丰富,便于教学。书中的每个实例和上机练习都通过调试验证,易于学习和掌握。

本书适合作为中学生"信息技术"课程的配套教材,也可作为 Python 入门学习的指导用书。本书配有例题和上机练习的源代码文件、课后习题答案等资源。

本书由骆焦煌、骆毅林编著。由骆焦煌负责完成全书的修改及统稿工作。

由于编著者水平有限,书中难免有不当之处,敬请广大读者批评指正。

编著者

2021 年 3 月

目　录

CONTENTS

第1章　Python 语言简介及软件安装

1.1　Python 语言简介

1. Python 语言简介

Python 语言是一种解释型、面向对象的编程语言。由荷兰人吉多·范罗苏姆(Guido van Rossum)于 1989 年年底发明,被广泛应用于处理系统管理任务和科学计算。

Python 是一个开源语言,拥有大量的库,可以高效地开发各种应用程序,因此又被称为胶水语言。

2. Python 的特点

Python 的设计秉承优雅、明确、简单的理念,具有以下特点。

1) 简单、易学

Python 是一种代表简单主义思想的语言。阅读一个良好的 Python 程序感觉就像是在读英语一样。它能使你专注于解决问题而不用明白语言本身。同时 Python 很容易上手,因为它有极其简单的说明文档。

2) 速度快

Python 的底层是用 C 语言编写的,很多标准库和第三方库也都是用 C 语言编写的,运行速度非常快。

3) 免费、开源

Python 是 FLOSS(自由/开放源码软件)之一。使用者可以自由地发布这个软件的复制版、阅读它的源代码、对它做改动或把它的一部分用于新的软件中。

4) 高层语言

用 Python 语言编写程序时不用考虑如何管理程序使用内存这一类的底层细节。

5) 可移植性

由于 Python 的开源本质,它已经被移植在许多平台上(经过改动使 Python 能够工作在不同平台上),这些平台包括 Linux、Windows、VMS、Solaris 以及 Google 基于 Linux 开发的 Android 平台等。

6) 解释性

用 Python 语言编写的程序不需要编译成二进制代码,可以直接从源代码运行程序。在计算机内部,Python 解释器把源代码转换成字节码的中间形式,然后再把它翻译成计算机使用的机器语言并运行。这使得 Python 程序使用更加简单且易于移植。

7) 面向对象

Python 既支持面向过程的编程,也支持面向对象的编程。在面向过程的语言中,程序是由过程或可重用代码的函数构建起来的;在面向对象的语言中,程序是由数据和功能组合而成的对象构建起来的。

8）可扩展性与可嵌入性

如果需要一段关键代码运行得更快或者希望某些算法不公开,可以部分程序使用 C 或 C++ 编写,然后在 Python 程序中调用它们。同时也可以把 Python 嵌入 C/C++ 程序,从而向程序用户提供脚本功能。

9）丰富的库

Python 有很庞大的标准库,它可以帮助处理各种工作,包括正则表达式、文档生成、单元测试、线程、数据库、网页浏览器、CGI、FTP、电子邮件、XML、XML-RPC、HTML、WAV 文件、密码系统、GUI(图形用户界面)、Tk 和其他与系统有关的操作。除了标准库以外,还有许多其他高质量的库,如 wxPython、Twisted 和 Python 图像库等。

3. Python 的应用领域

随着 Python 语言的盛行,它使用的领域越来越广泛,如网站与游戏开发、机器人与航天飞机控制等。Python 主要应用于以下领域。

1）系统编程

Python 提供应用程序编程接口(Application Programming Interface,API),能够进行系统的维护和开发。

2）科学计算和统计

Python 程序员可以使用 NumPy、SciPy、Matplotlib 等模块编写科学计算程序。众多开源的科学计算软件包均提供了 Python 的调用接口,如著名的计算机视觉库 OpenCV、三维可视化库 VTK、医学图像处理库 ITK 等。

3）图形用户界面(GUI)开发

Python 支持 GUI 开发,使用 Tkinter、wxPython 或者 PyQt 库可以开发跨平台的桌面软件。

4）数据库编程

Python 语言提供了对目前主流数据库系统的支持,例如 Microsoft SQL Server、Oracle、Sybase、DB2、MySQL、SQLite 等。在编程的过程中,通过 Python DB-API(数据库应用程序编程接口)规范与数据库进行通信。

1.2　Python 开发环境及工具

Python 是一种开源、免费的脚本语言,它并没有提供一个官方的开发环境,需要用户自主选择编辑工具。目前,Python 的开发环境有很多种,例如 IDLE、PyCharm、DrPython、Spyder、SPE 等。

1. IDLE 开发工具

IDLE 是 Python 内置的集成开发环境(Integrated Development Environment,IDLE),它由 Python 安装包提供,也就是 Python 自带的文本编辑器。

IDLE 为开发人员提供了许多有用的功能,如自动缩进、语法高亮显示、单词自动完成以及命令历史等。在这些功能的帮助下,用户能够有效地提高开发效率。

2. Anaconda 开发工具

Anaconda 可以便捷获取包且对包能够进行管理,同时可以对环境统一管理。Anaconda 包含了 conda、python 在内的超过 180 个科学包及其依赖项。

Anaconda 具有开源、安装过程简单、高性能使用 Python 和 R 语言以及免费的社区支持等特点,这些特点的实现主要基于 Anaconda 拥有 conda 包、环境管理器以及 1000 多个开源库。

Anaconda 可以在 Windows、macOS、Linux(x86/Power8)等系统平台中安装使用。系统要求是 32 位或 64 位,下载文件大小约 500MB,所需空间大小约 3GB。

3. PyCharm 开发工具

PyCharm 是由 JetBrains 打造的一款 Python IDE,它带有一整套可以帮助用户使用 Python 语言开发时提高其效率的工具,比如调试、语法高亮、Project 管理、代码跳转、智能提示、自动完成、单元测试、版本控制等。此外,该 IDE 还提供了一些高级功能,以用于支持 Django 框架下的专业 Web 开发。

PyCharm 的特点有以下几个方面。

(1) PyCharm 具有 IDE 的常用功能,比如调试、Project 管理、代码跳转、智能提示、自动完成、单元测试、版本控制等。

(2) PyCharm 提供用于 Django 的开发工具,并且支持 Google App Engine 和 IronPython。

(3) Python 重构功能使用户能在项目范围内轻松进行重命名,提取方法、超类、导入域、变量或常量,移动、前推或后退重构。

(4) Python 支持 Google App 引擎,用户可选择使用 Python 运行环境为 Google App 引擎进行应用程序的开发,并执行程序部署工作。

(5) Python 集成版本控制功能,录入、登出、视图拆分与合并等功能都能在统一的 VCS 用户界面(可用于 Mercurial、Subversion、Git、Perforce 和其他的 SCM)中得到。

(6) Python 的可自定义和可扩展功能可以绑定 Textmate、NetBeans、Eclipse & Emacs 键盘主盘,以及 Vi/Vim 仿真插件。

4. 库的安装与管理

Python 库分为标准库和扩展库(第三方库),Python 的标准库是 Pyhon 安装时默认自带的库,Python 的第三方库需要下载或在线安装到 Python 的安装目录下。

Python 有 easy_install 和 pip 两个基本的库管理工具,目前大部分使用者都采用 pip 对扩展库进行查看、安装与卸载。下面介绍几个常用的 pip 命令方法。

1) 查看扩展库

```
cmd> pip list
```

例如:

```
X:\Users\admin\AppData\Local\Programs\Python\Python36\Scripts>pip list
```

2) 查看当前安装的库

```
cmd> pip show Package        #Package 指库名称
```

例如:

```
X:\Users\admin\AppData\Local\Programs\Python\Python36\Scripts>pip show jieba
```

3）安装指定版本的扩展库

cmd> pip install Package ==版本号

例如：

X:\Users\admin\AppData\Local\Programs\Python\Python36\Scripts> pip install django==1.9.7

4）离线安装扩展库文件 whl

cmd> pip install Package.whl

例如：

X:\Users\admin\AppData\Local\Programs\Python\Python36\Scripts>pip install numpy-1.15.4+vanilla-cp35-cp35m-win_amd64.whl

5）卸载扩展库

cmd> pip uninstall Package

例如：

X:\Users\admin\AppData\Local\Programs\Python\Python36\Scripts> pip uninstall django

6）更新扩展库

cmd> pip install -U requests

例如：

X:\Users\admin\AppData\Local\Programs\Python\Python36\Scripts> pip install -U jieba

说明：U 为大写字母。

1.3 软件安装

1.3.1 Python 的安装与使用

Python 的安装与使用步骤如下。

（1）打开 Python 的官方网站（https://www.python.org），如图 1.1 所示，在 Downloads 菜单下选择要安装的操作系统类型。以 Windows 为例，如图 1.2 所示，单击 Windows 选项，找到需要的版本（如 Python-3.6.0.exe 64 位），下载即可。

（2）双击下载的程序文件，例如 python-3.6.0-amd64-webinstall.exe，显示图 1.3 所示的对话框。其中 Install Now 为直接安装，Customize installation 为自定义安装，Install launcher for all users(recommended)表示为所有用户安装发射器（推荐），Add Python 3.6 to PATH 表示添加 Python 3.6 到路径。

选择自定义安装，并勾选两个复选框，单击 Cancel 按钮，进入如图 1.4 所示页面。

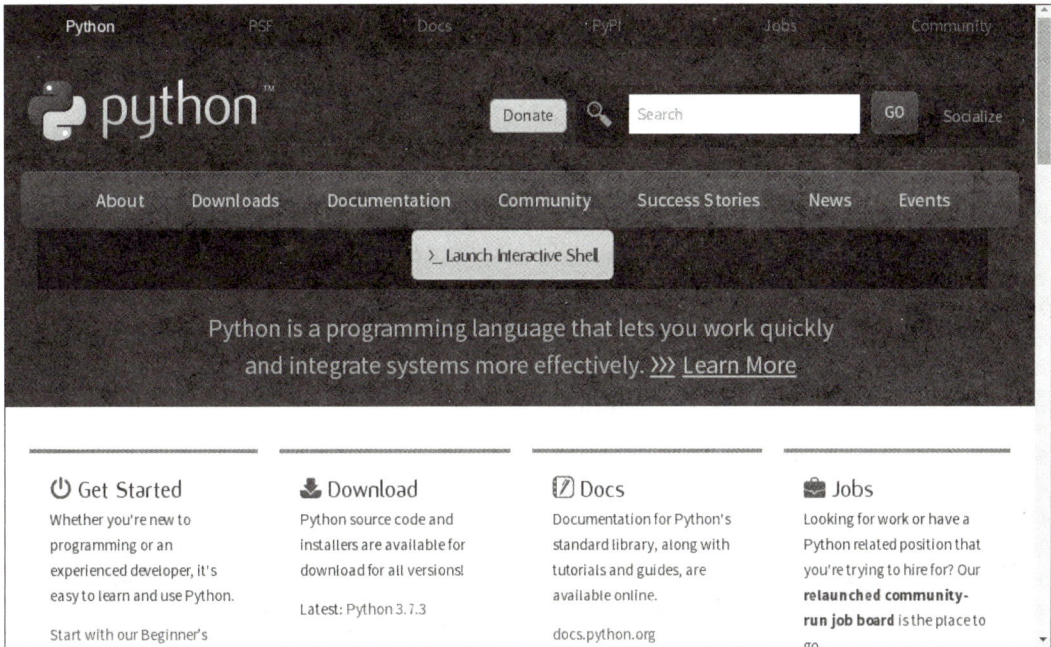

图 1.1　Python 官方网站主页

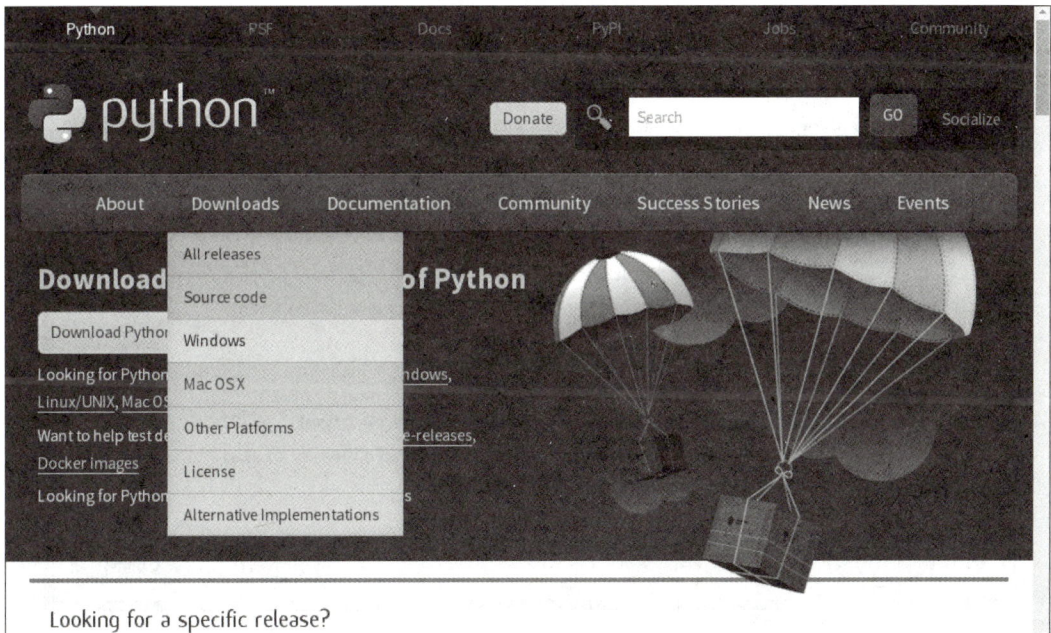

图 1.2　选择 Windows 选项

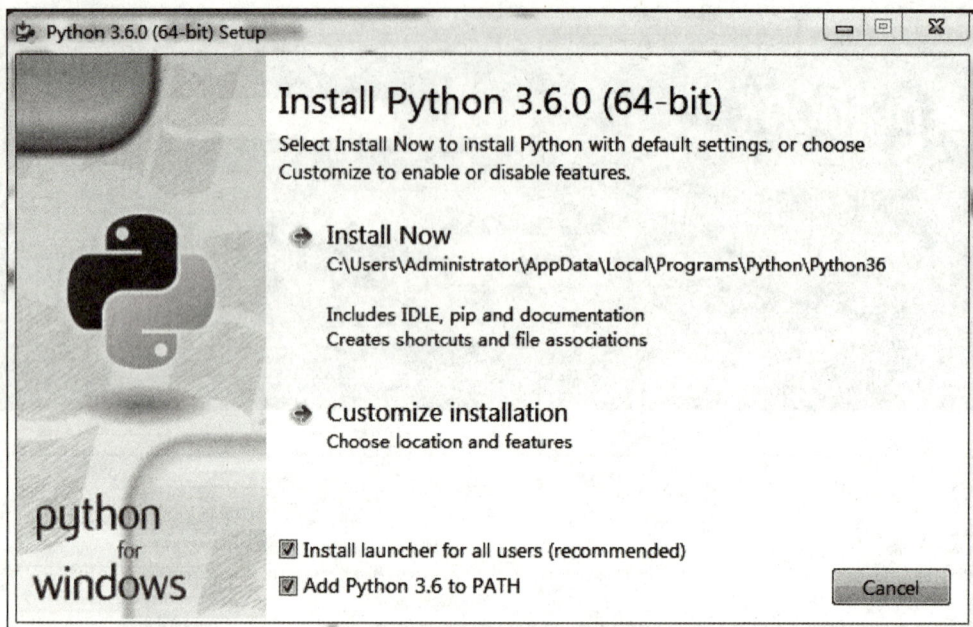

图 1.3　Python 安装向导

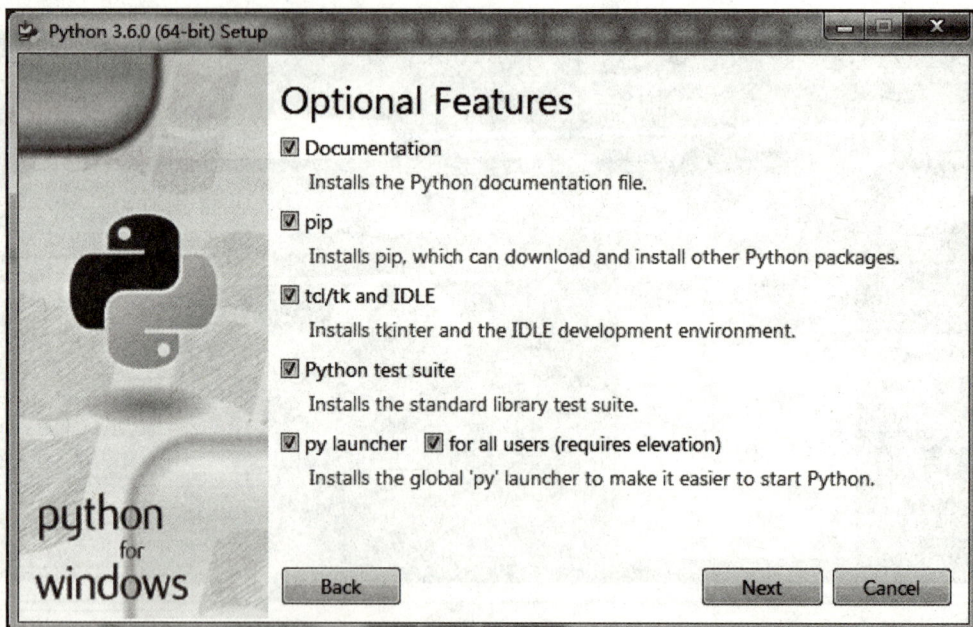

图 1.4　Python 安装自定义项

（3）使用默认设置，单击 Next 按钮，打开图 1.5 所示的对话框。

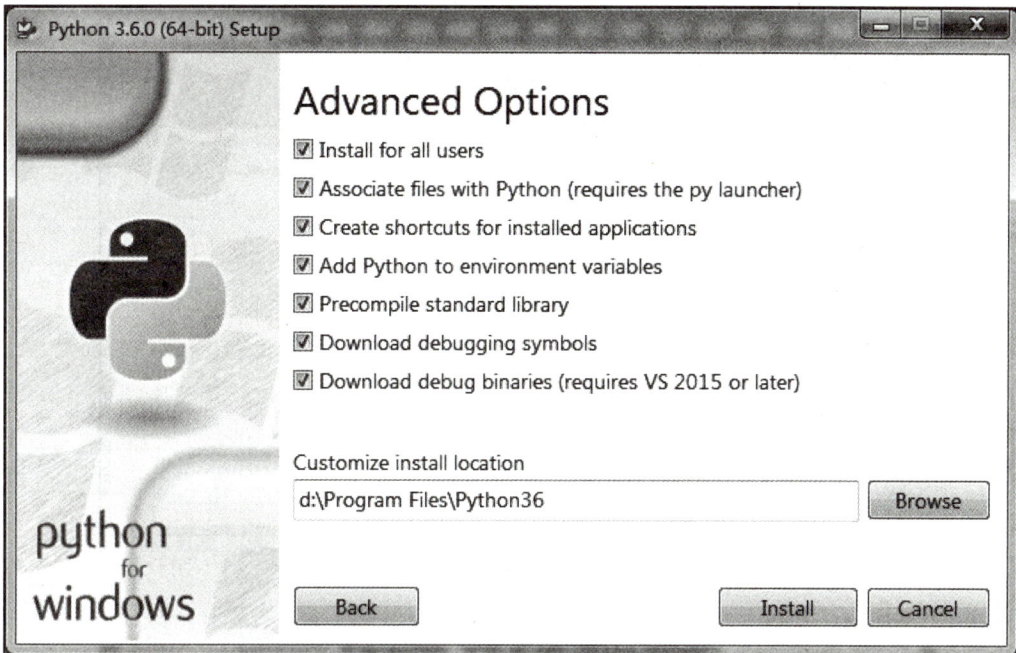

图 1.5　Python 高级选项及安装路径

（4）根据需要进行相应的设置，如选中所有项，单击 Install 按钮开始安装，安装进度如图 1.6 所示。

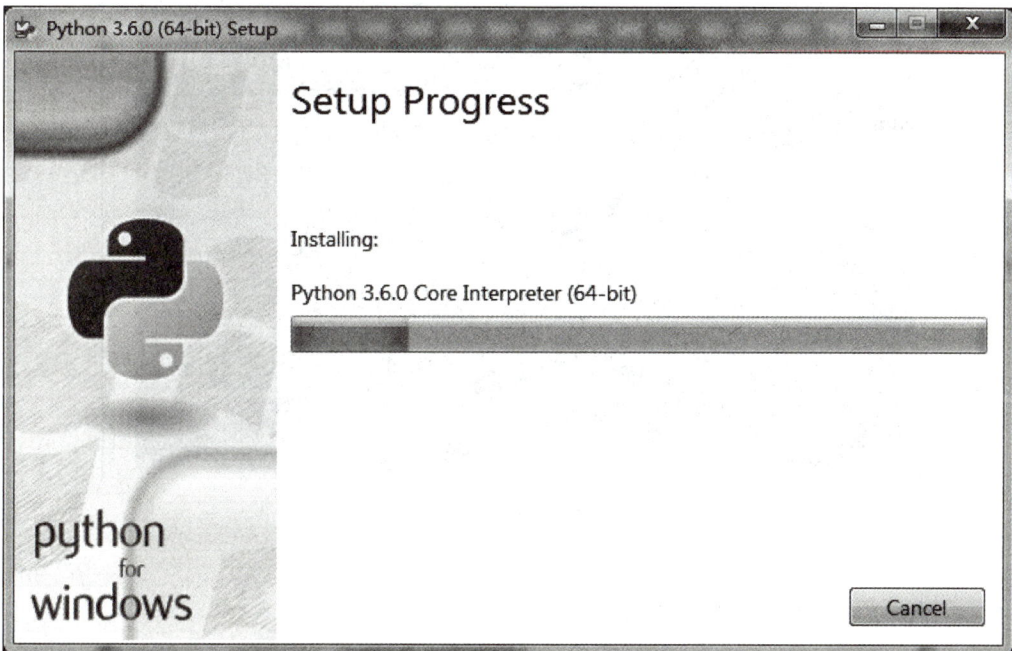

图 1.6　Python 安装进度对话框

（5）安装完成后如图 1.7 所示。

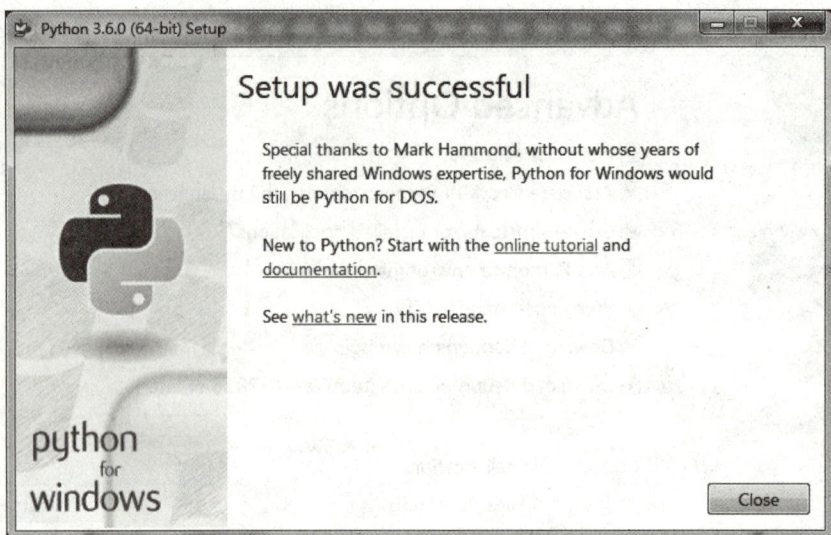

图 1.7　Python 安装完成对话框

（6）单击 Close 按钮，完成安装。

（7）安装完成后，右击开始菜单里的"运行"选项，打开"运行"对话框，输入 cmd，单击"确定"按钮，打开命令行窗口，输入 python 后按回车键，安装配置成功界面如图 1.8 所示。

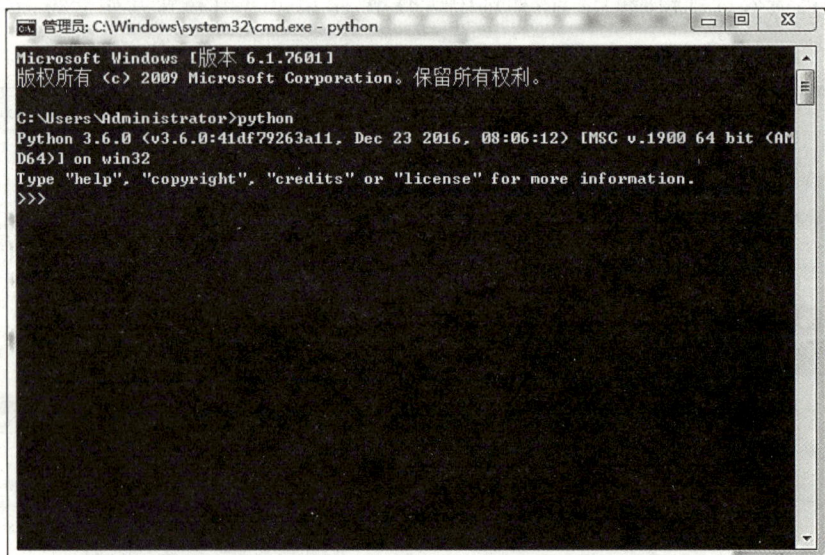

图 1.8　测试 Python 安装及配置成功

1.3.2　Anaconda3 的安装与使用

Anaconda3 的安装与使用步骤如下。

（1）打开 Anaconda 的官方网站（https://www.anaconda.com），如图 1.9 所示，单击 Download 按钮，选择操作系统类型，然后选择软件版本下载即可。

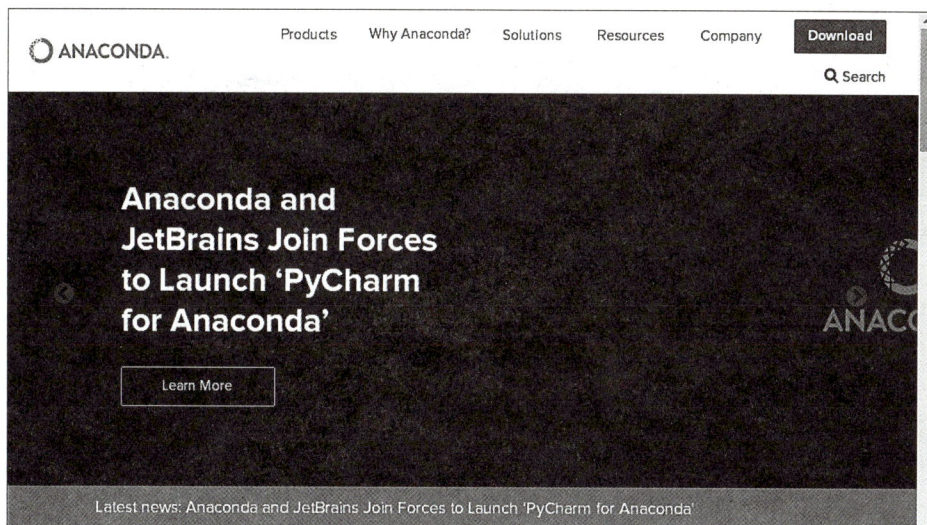

图 1.9　Anaconda 官方网站

（2）双击下载的程序文件，例如 Anaconda3-5.2.0-Windows-x86_64.exe，出现安全警告提示，如图 1.10 所示。单击"运行"按钮，进入 Anaconda3 安装对话框，如图 1.11 所示。

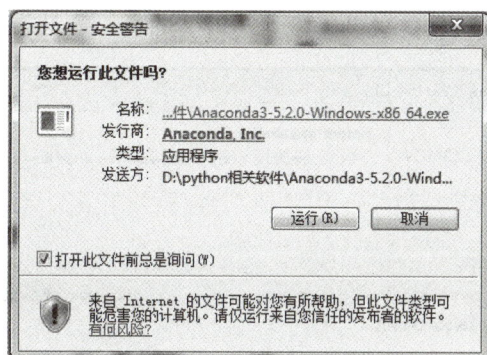

图 1.10　Anaconda3 安全警告提示框

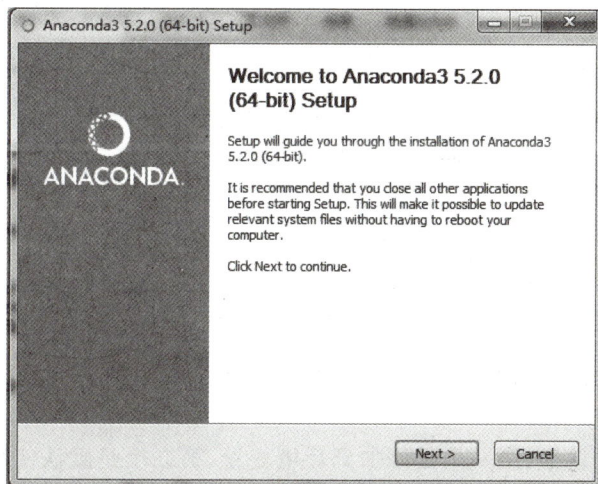

图 1.11　Anaconda3 安装对话框

（3）单击 Next 按钮，显示如图 1.12 所示的 Anaconda3 安装许可协议对话框。

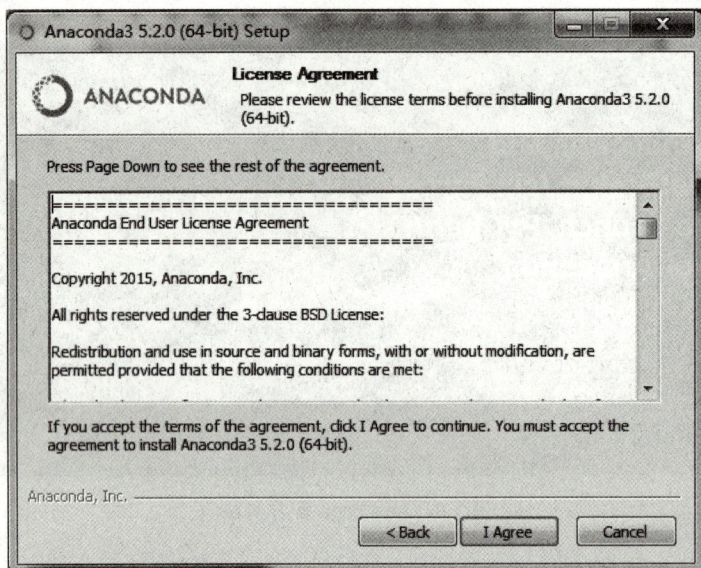

图 1.12　Anaconda3 安装许可协议对话框

（4）单击 I Agree 按钮，显示如图 1.13 所示的 Anaconda3 选择安装类型对话框。

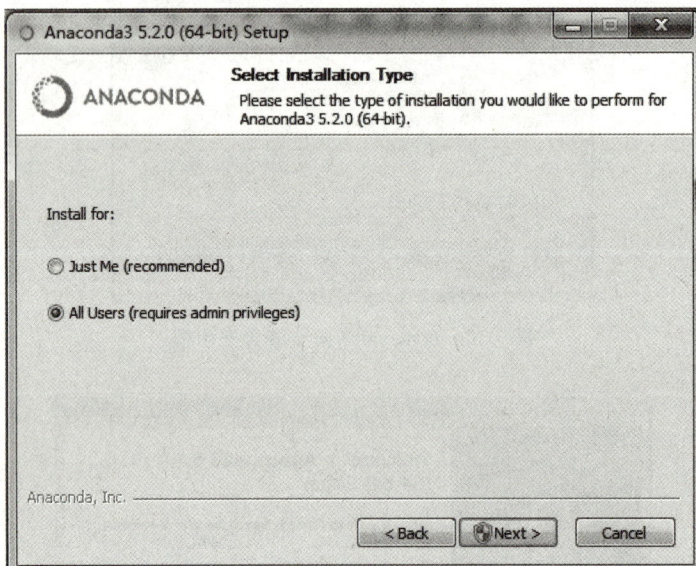

图 1.13　Anaconda3 选择安装类型对话框

（5）选择相应的选项，单击 Next 按钮，出现 Anaconda3 安装路径对话框，如图 1.14 所示。

（6）选择 Anaconda3 的安装路径，单击 Next 按钮，出现 Anaconda3 高级安装选项对话框，如图 1.15 所示。

（7）勾选两个复选框，第一个是添加到环境变量，第二个是默认使用 Python 3.6，单击 Install 按钮，弹出 Anaconda3 安装进度对话框，如图 1.16 所示。

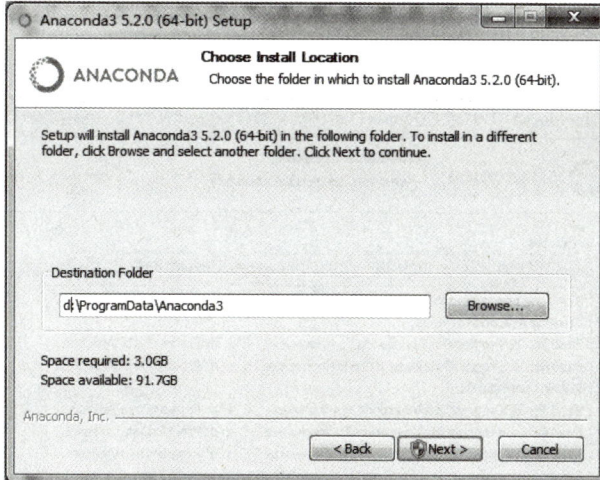

图 1.14 Anaconda3 安装路径对话框

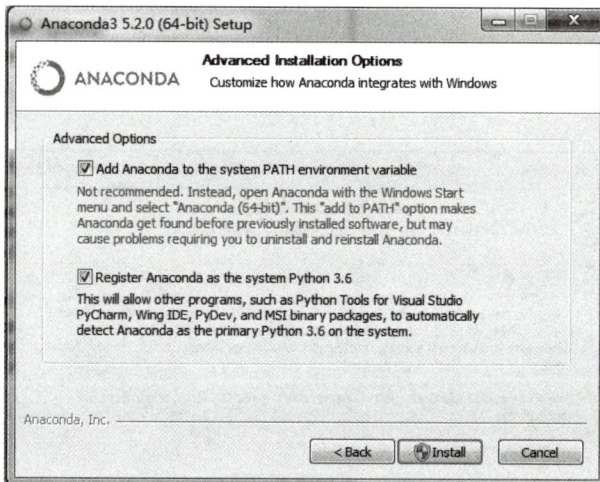

图 1.15 Anaconda3 高级安装选项对话框

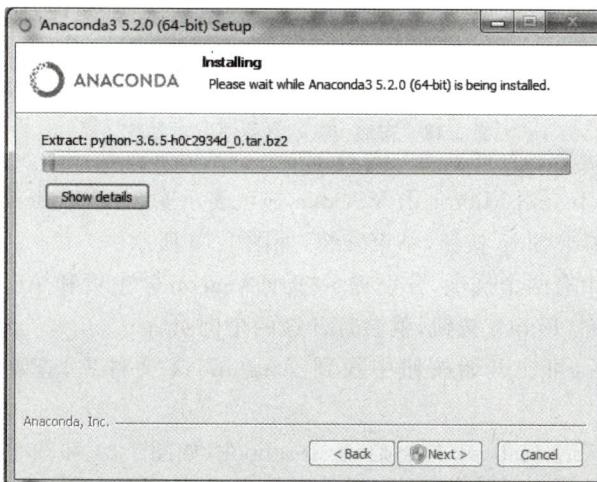

图 1.16 Anaconda3 安装进度对话框

　　（8）单击 Show details 按钮，查看安装细节，如图 1.17 所示。安装完成，单击 Next 按钮，弹出安装 VSCode 编译器对话框，如图 1.18 所示。

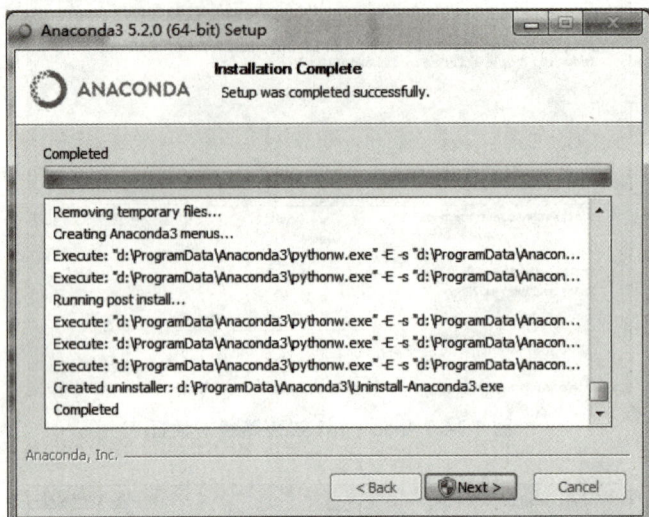

图 1.17　Anaconda3 安装完成对话框

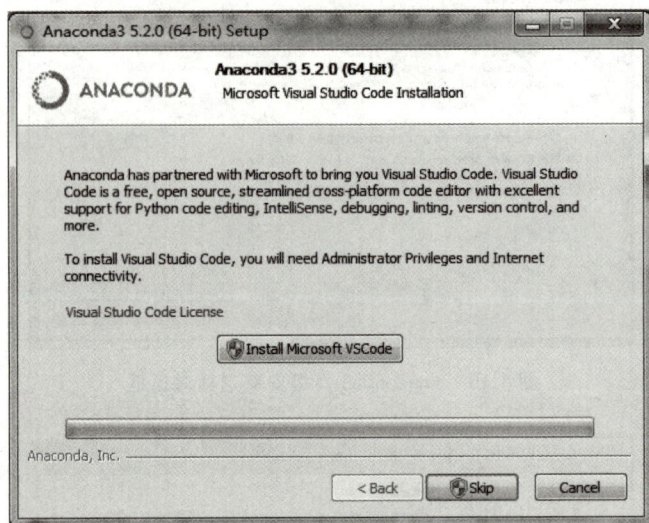

图 1.18　安装 VSCode 编译器对话框

　　（9）在图 1.18 中 Install Microsoft VSCode 选项表示安装 VSCode 编译器。如果不想使用这个编译器，可以单击 Skip 按钮，结束安装，如图 1.19 所示。

　　（10）在图 1.19 中有两个选项，分别提示打开 Anaconda 主页和 Anaconda 云平台页面。两个选项都勾选后单击 Finish 按钮，就会打开这两个网页。

　　（11）安装完成后，可在开始按钮中找到 Anaconda3 文件夹，查看所包含的内容。如图 1.20 所示。

　　（12）单击 Jupyter Notebook 即可启动 Notebook，如图 1.21 和图 1.22 所示。之后可根据需要进行使用。

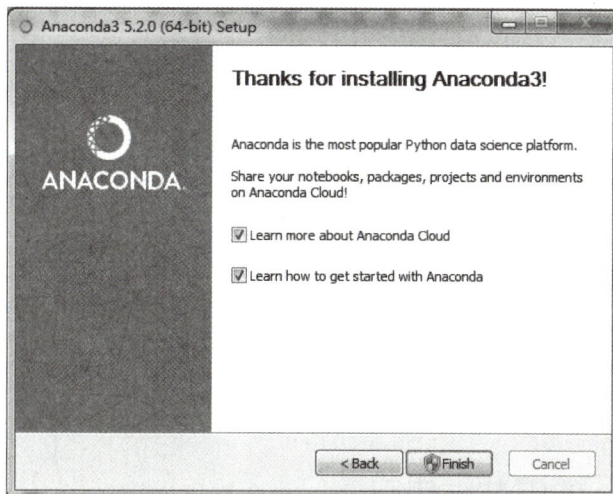

图 1.19　Anaconda3 安装结束对话框

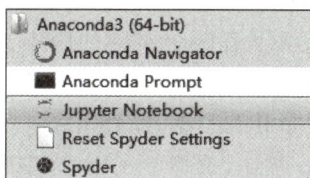

图 1.20　Anaconda3 文件夹

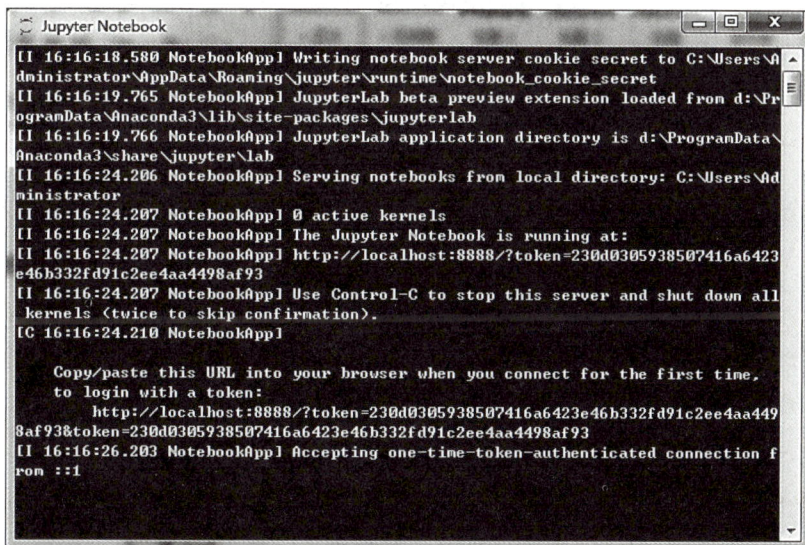

图 1.21　Jupyter Notebook 界面

图 1.22　Jupyter 页面

1.3.3　PyCharm 的安装与使用

PyCharm 的安装与使用步骤如下。

（1）打开 PyCharm 官网（https://www.jetbrains.com/pycharm/），根据需要下载相应的版本，PyCharm 在 Windows 环境下有两个不同的版本：专业版（Professional）和社区版（Community）。下面以下载社区版为例。

（2）双击下载的程序文件，例如 pycharm-community-2018.2.4.exe，弹出 PyCharm 安装对话框，如图 1.23 所示，单击 Next 按钮，选择 PyCharm 安装路径，如图 1.24 所示。

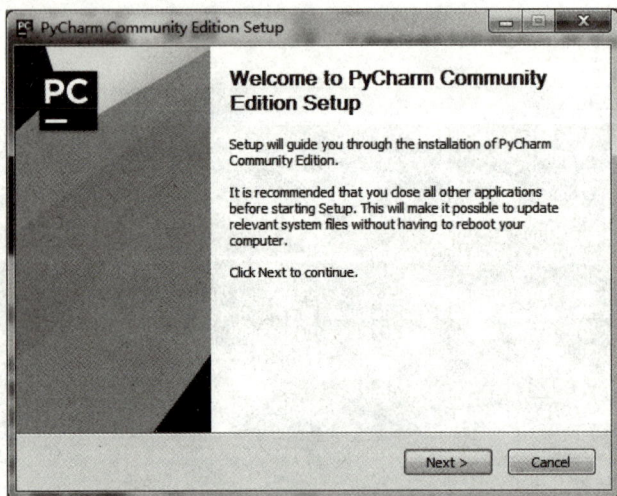

图 1.23　PyCharm 安装对话框

（3）选择 PyCharm 安装路径，单击 Next 按钮，弹出 PyCharm 选项对话框，如图 1.25 所示。其中，Create Desktoop Shortcut 表示选择在桌面创建的快捷方式，Create Associations 表示创建关联.py 格式文件，Download and install JRE x86 by JetBrains 表示下载安装 Java 运行环境 jre。

（4）选择相应的选项，单击 Next 按钮，弹出 PyCharm 菜单文件对话框，如图 1.26 所示。使用默认设置，单击 Install 按钮，开始安装。

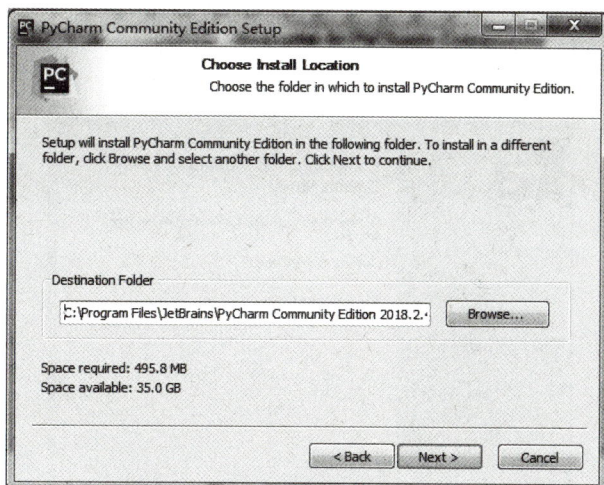

图 1.24 PyCharm 安装路径对话框

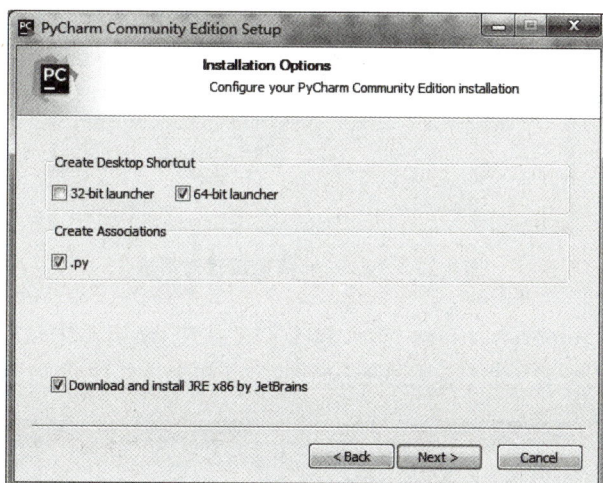

图 1.25 PyCharm 选项对话框

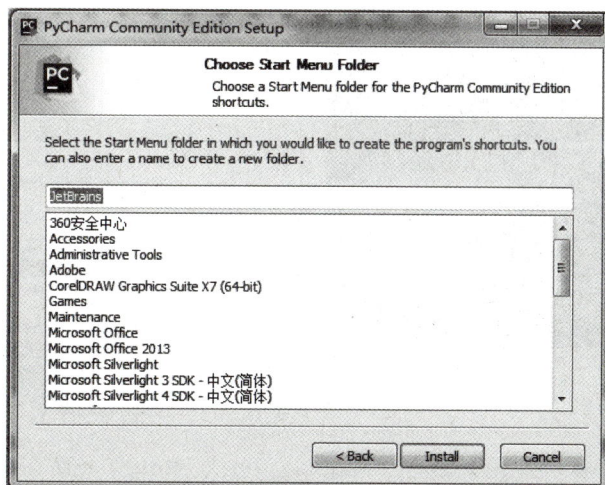

图 1.26 PyCharm 菜单文件对话框

（5）安装完成后，在图1.27所示的安装完成对话框中，勾选 Run PyCharm Community Edition，单击 Finish 按钮，启动 PyCharm 配置，如图1.28所示。

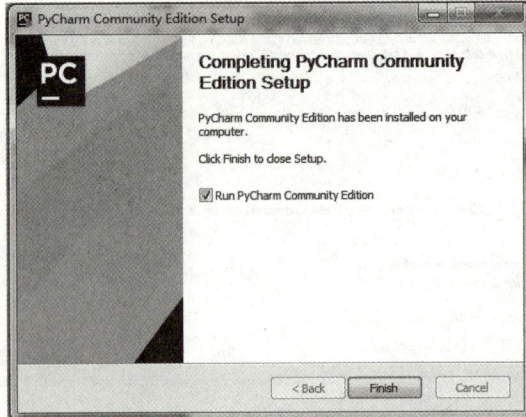

图 1.27　PyCharm 安装完成对话框

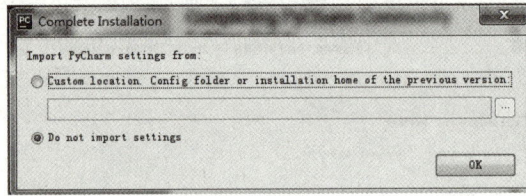

图 1.28　PyCharm 路径设置对话框

（6）选择 Do not import settings 选项，单击 OK 按钮，然后单击 Accept 按钮，即同意程序所提供的协议，进入设置 UI 主题对话框，如图1.29所示。

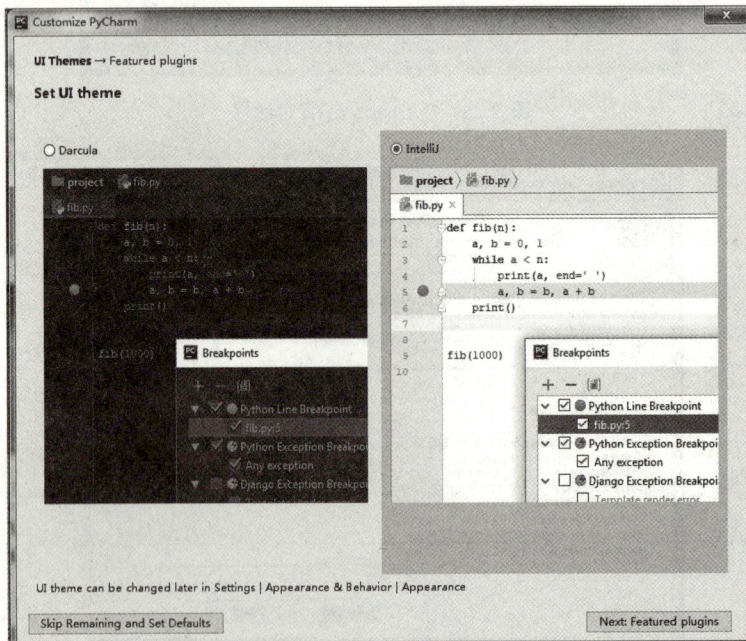

图 1.29　设置 UI 主题对话框

注意：需要将右侧的下滑按钮下滑到最下面，让程序认为你已经读完了协议，才可单击 Accept 按钮。

（7）单击 Skip Remaining and Set Defaults 选项，跳过默认设置，进入 PyCharm 欢迎界面，如图 1.30 所示。

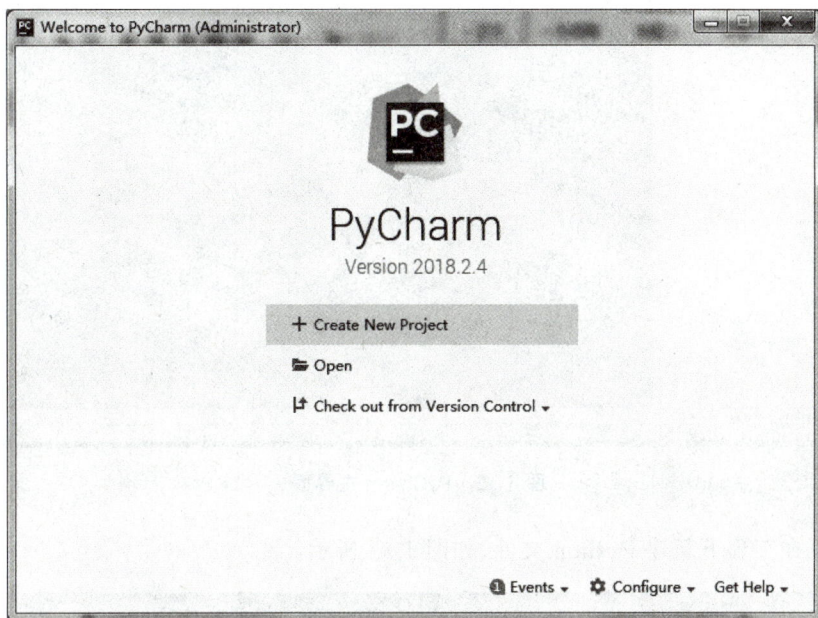

图 1.30　PyCharm 欢迎界面

（8）单击 Create New Project 选项，新建项目，如图 1.31 所示。

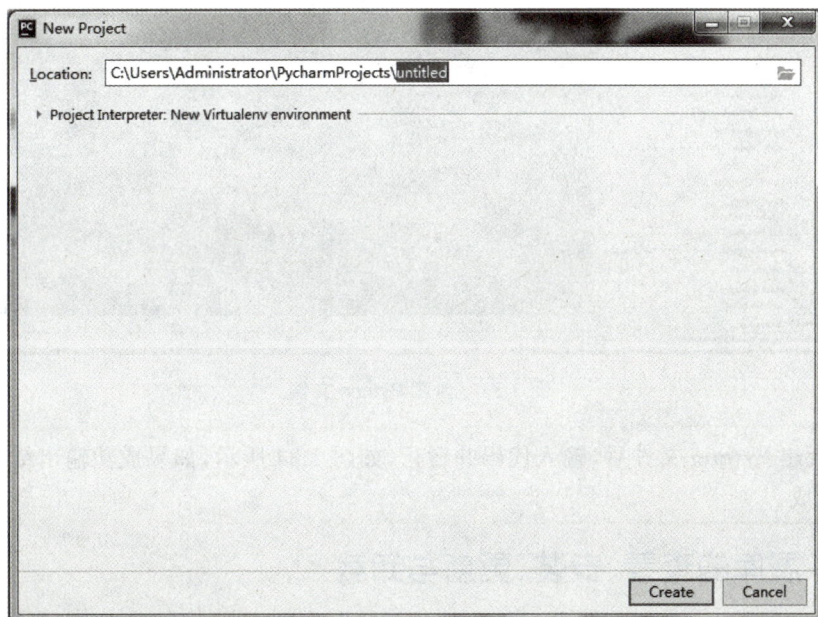

图 1.31　新建项目对话框

（9）根据需要输入新建项目名称，默认为 untitled，单击 Create 按钮，进入 PyCharm 主界面，如图 1.32 所示。

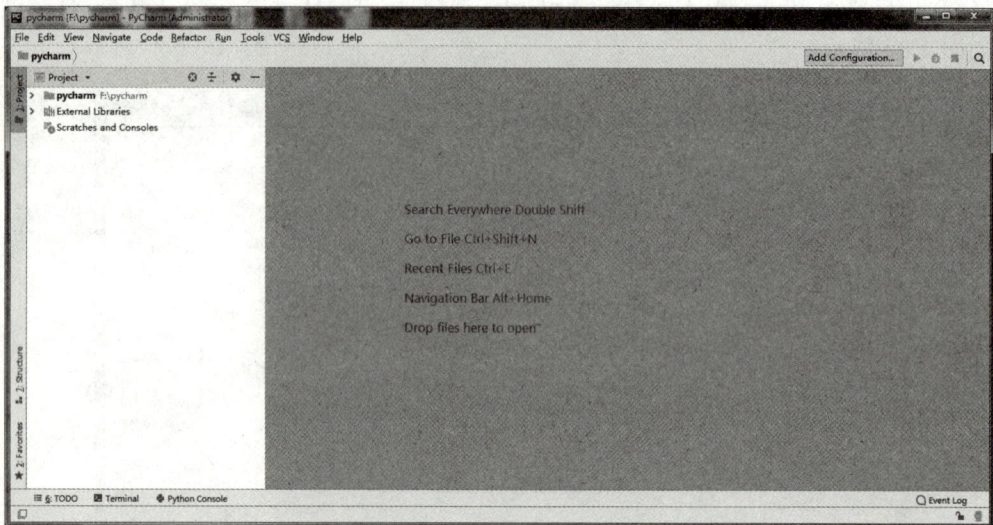

图 1.32　PyCharm 主界面

（10）可在工程下新建 Python 文件，如图 1.33 所示。

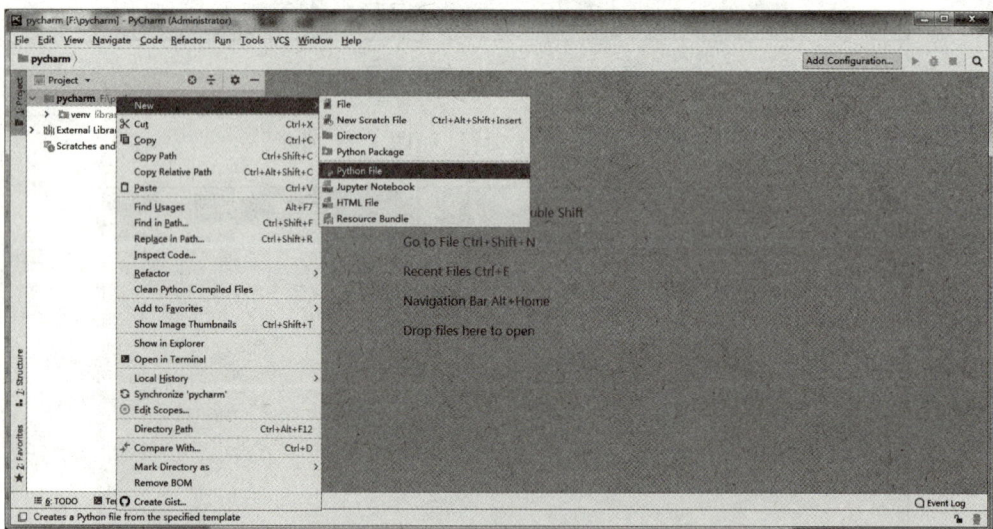

图 1.33　创建 Python 文件

（11）新建 Python 文件后，输入代码并运行，如图 1.34 所示，如果成功输出结果，则说明安装设置完成。

1.3.4　扩展库的查看、安装、更新与卸载

1. 查看已安装的库

在开始菜单的"运行"对话框中输入 cmd，按回车键，如图 1.35 所示。使用 cd 命令进入安装 Python 的 Scripts 文件夹中（例如，Python 安装的位置 X:\Users\admin\AppData\

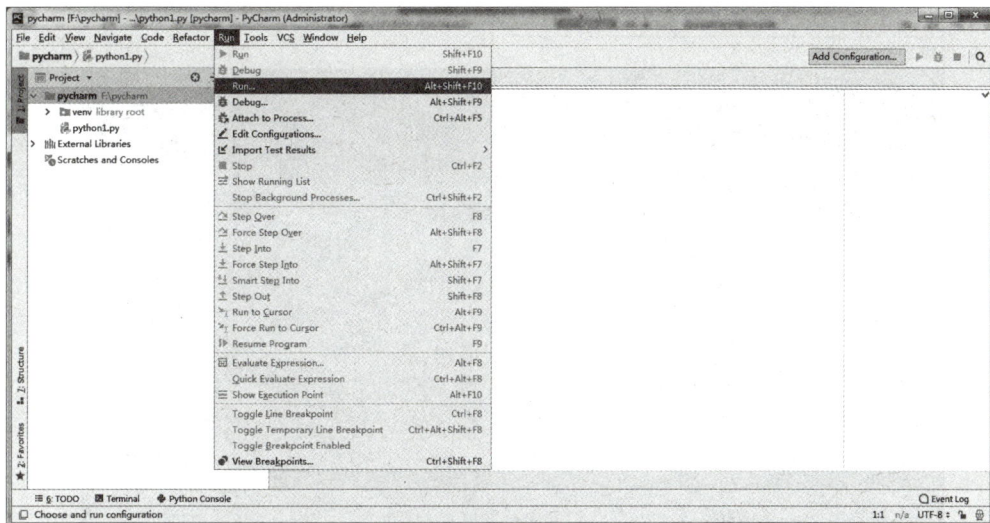

图 1.34　PyCharm 运行程序

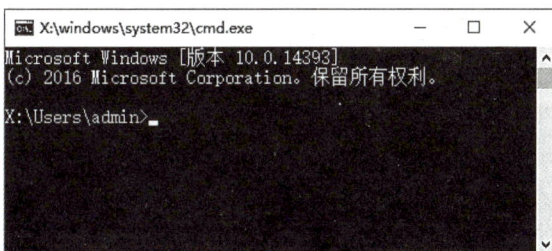

图 1.35　命令提示符窗口

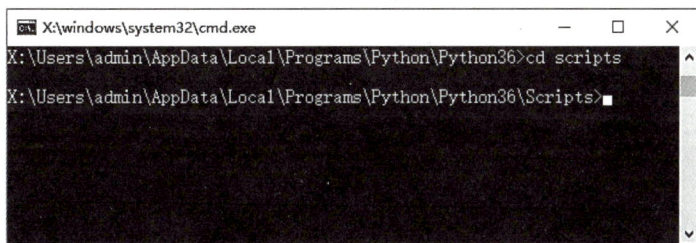

图 1.36　进入 Scripts 文件夹中

Local\Programs\Python\Python36)，如图 1.36 所示。输入 pip list 命令，如图 1.37 所示。

2. 安装 jieba 库

在命令提示符下的 Scrips 文件夹中输入命令 pip install jieba 后，按回车键，成功安装 jieba 库，如图 1.38 所示。

3. 更新 requests 库

在命令提示符下的 Scrips 文件夹中输入命令 pip install -U requests 后，按回车键，成功更新 requests 库，如图 1.39 所示。

```
X:\windows\system32\cmd.exe
X:\Users\admin\AppData\Local\Programs\Python\Python36\Scripts>pip list
Package                          Version
-------------------------------- ----------
alabaster                        0.7.11
altgraph                         0.16.1
anaconda-client                  1.7.2
anaconda-navigator               1.9.2
anaconda-project                 0.8.2
appdirs                          1.4.3
asn1crypto                       0.24.0
astroid                          2.0.4
astropy                          3.0.4
atomicwrites                     1.2.1
attrs                            18.2.0
Automat                          0.7.0
Babel                            2.6.0
backcall                         0.1.0
backports.shutil-get-terminal-size 1.0.0
beautifulsoup4                   4.6.3
bitarray                         0.8.3
bkcharts                         0.2
blaze                            0.11.3
bleach                           2.1.4
bokeh                            0.13.0
boto                             2.49.0
Bottleneck                       1.2.1
certifi                          2018.8.24
cffi                             1.11.5
chardet                          3.0.4
click                            6.7
cloudpickle                      0.5.5
```

图 1.37　显示已安装的库

```
X:\windows\system32\cmd.exe
X:\Users\admin\AppData\Local\Programs\Python\Python36\Scripts>pip install jieba
Collecting jieba
  Using cached https://files.pythonhosted.org/packages/71/46/c6f9179f73b818d5827202ad1c4a94e371a29473b7f043b736
b4dab6b8cd/jieba-0.39.zip
Building wheels for collected packages: jieba
  Building wheel for jieba (setup.py) ... done
  Stored in directory: X:\Users\admin\AppData\Local\pip\Cache\wheels\c9\c7\63\a9ec0322ccc7c365fd51e475942a82395
807186e94f0522243
Successfully built jieba
Installing collected packages: jieba
Successfully installed jieba-0.39

X:\Users\admin\AppData\Local\Programs\Python\Python36\Scripts>_
```

图 1.38　安装 jieba 库

```
X:\windows\system32\cmd.exe
no such option: -u

X:\Users\admin\AppData\Local\Programs\Python\Python36\Scripts>pip install -U requests
Collecting requests
  Downloading https://files.pythonhosted.org/packages/7d/e3/20f3d364d6c8e5d2353c72a67778eb189176f08e873c9900e10
c0287b84b/requests-2.21.0-py2.py3-none-any.whl (57kB)
    100% |████████████████████████████████| 61kB 26kB/s
Requirement already satisfied, skipping upgrade: certifi>=2017.4.17 in x:\users\admin\appdata\local\programs\py
thon\python36\lib\site-packages (from requests) (2018.8.24)
Requirement already satisfied, skipping upgrade: chardet<3.1.0,>=3.0.2 in x:\users\admin\appdata\local\programs
\python\python36\lib\site-packages (from requests) (3.0.4)
Requirement already satisfied, skipping upgrade: idna<2.9,>=2.5 in x:\users\admin\appdata\local\programs\python
\python36\lib\site-packages (from requests) (2.7)
Requirement already satisfied, skipping upgrade: urllib3<1.25,>=1.21.1 in x:\users\admin\appdata\local\programs
\python\python36\lib\site-packages (from requests) (1.23)
Installing collected packages: requests
  Found existing installation: requests 2.19.1
    Uninstalling requests-2.19.1:
      Successfully uninstalled requests-2.19.1
Successfully installed requests-2.21.0

X:\Users\admin\AppData\Local\Programs\Python\Python36\Scripts>_
```

图 1.39　更新 requests 库

4. 卸载 jieba 库

在命令提示符下的 Scrips 文件夹中输入命令 pip uninstall jieba 后,按回车键后,如图 1.40 所示,然后按 y 键,即可卸载 jieba 库,如图 1.41 所示。

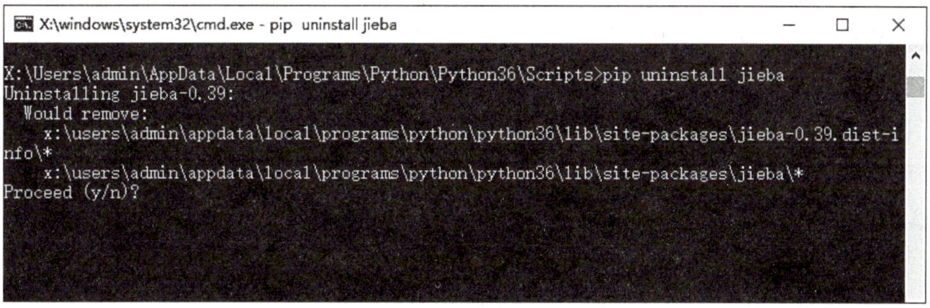

图 1.40 输入 pip uninstall jieba 命令

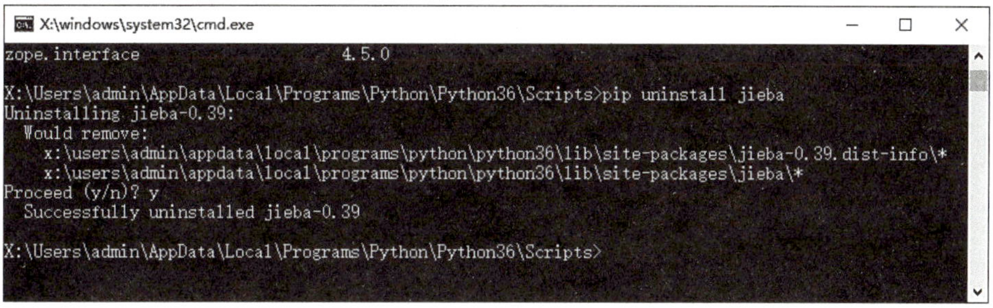

图 1.41 成功卸载 jieba 库

1.4 习题

1. 填空题

(1) Python 语言是一种_____型、面向对象的计算机程序设计语言。

(2) Python 脚本文件的扩展名是_____。

(3) PyCharm 是由 JetBrains 打造的一款_____,它带有一整套可以帮助用户在使用 Python 语言时提高其_____的工具。

(4) Python 主要应用在系统编程、_____、_____和数据库编程等领域。

(5) Anaconda 包含了 conda、python 在内的超过_____个科学包及其依赖项。

2. 选择题

(1) 下面不属于 Python 特征的是( )。

    A. 简单易学   B. 脚本语言   C. 属于低级语言   D. 可移植性

(2) Python 内置的集成开发工具是( )。

    A. IDLE   B. IDE   C. PyCharm   D. Pydev

(3) 下面列出的程序设计语言中( )不是面向对象的语言。

    A. C 语言   B. Python   C. Java   D. C++

（4）以下关于 Python 的描述错误的是（　　）。

　　A. Python 的语法类似 PHP　　　　　　　　B. Python 可用于 Web 开发

　　C. Python 是跨平台的　　　　　　　　　　D. Python 可用于数据抓取（爬虫）

（5）Python 有两个基本的库管理工具（　　）。

　　A. easy_install 和 pip　　　　　　　　　　B. cmd 和 pip

　　C. install 和 pip　　　　　　　　　　　　D. easy install 和 pip

3. 操作题

（1）请到官网下载 Python 3.6 以上版本软件、Anaconda3 软件、PyCharm 软件并完成安装配置。

（2）在 cmd 命令提示符下使用 pip 工具安装 jieba 库、wordcloud 库、requests 库、BeautifulSoup4 库、numpy 库、panda 库、matplotlib 库。

第 2 章　Python 语言基础与算法

2.1　Python 程序编写风格

程序格式框架是指代码语句段落的格式,这是 Python 程序格式区别于其他语言的独特之处,有助于提高代码的可读性和可维护性。

1. 缩进

Python 语言采用严格的缩进规范表示程序之间的逻辑关系,例如:

```
x2 = 1                          #第 1 行
for i in range(9,0,-1):         #第 2 行
    x1 = (x2 + 1) * 2           #第 3 行
    x2 = x1                     #第 4 行
print(x1)                       #第 5 行
```

其中,第 2 行与第 3、4 行表示逻辑关系。

缩进指每行语句开始前的空白区域,用来表示 Python 程序间的包含和层次关系。没有逻辑关系代码一般不缩进,顶行且不留空白。当使用 if、while、for、def、class 等结构时,语句通过冒号结尾,在下行进行左缩进,即表示后续代码与紧邻无缩进语句的所属关系。

代码编写中,缩进可使用跳格键 Tab 实现,也可以用多个空格键实现,一般是 4 个空格。Python 中对语句之间的层次关系没有限制,可以嵌套使用多层缩进。

在编写程序运行时,如出现 unexpected indent 错误,则说明存在语句缩进不匹配的问题。例如:

```
>>>sum=0
SyntaxError:unexpected indent
```

2. 注释

注释是代码中的辅助性文字,方便理解代码的含义,注释的内容不会被执行。Python 中采用♯表示注释,注释单行时,只要写在注释内容的前面即可,注释多行时,每一行的前面都必须加♯。例如:

```
>>>sum=0                        #给 sum 赋值
>>>print(sum)                   #输出变量 sum 的值
```

3. 续行符

Python 程序是逐行编写的,每行代码长度并不限制,但一行语句太长不利于阅读,因此,Python 提供了反斜杠\作为续行符,可将单行分割为多行来编写。例如:

```
print("{}是{}的省会".format(\
"福州",\
"福建"\
```

))

上述代码等价于下面的一行语句。

```
print("{}是{}的省会".format("福州","福建"))
```

说明：使用续行符时，续行符后面不能留空格，必须直接换行。

2.2　Python 变量

变量是内存中命名的存储位置，它的值可以动态变化。Python 的标识符命名规则如下。

（1）标识符名字的第 1 个字符可以是汉字、字母或下画线，后面可以由汉字、字母、下画线或数字（0～9）组成。例如：语言 Python、_number、score123。

（2）标识符名字区分大小写。Abcd 和 abcd 是两个不同的变量。

（3）禁止使用 Python 保留字（或称关键字）。表 2.1 列出了 Python 中的常用保留字。

表 2.1　Python 常用保留字

常用保留字	常用保留字	常用保留字	常用保留字	常用保留字
and	del	for	is	raise
assert	elif	from	lambda	return
break	else	global	not	try
class	except	if	or	while
continue	exec	import	pass	with
def	finally	in	print	yield

Python 的变量不需要声明，可以直接使用赋值运算符对其进行赋值操作，根据所赋的值决定其数据类型。

Python 支持多种格式的赋值语句。

1. 简单赋值

简单赋值用于为一个变量建立对象引用。例如：

```
x=1
```

2. 序列赋值

序列赋值指等号左侧是元组、列表表示的多个变量名，右侧是元组、列表或字符串等序列表示的值。序列赋值可以一次性为多个变量赋值。Python 顺序匹配变量名和值。例如：

```
>>>a,b=1,2              #使用省略圆括号的元组赋值
>>>a,b
(1,2)
>>>(a,b)=10,20          #使用元组赋值
>>>a,b
(10,20)
>>>[a,b]=[30,'ab']      #使用列表赋值
```

```
>>>a,b
(30,'ab')
```

当等号右侧为字符串时,Python 将字符串分解为单个字符,依次赋值给每个变量。此时,变量的个数和字符个数必须相等,例如:

```
>>>(x,y,z)='abc'              #用字符串赋值
>>>x,y,z
('a','b','c')
>>>(x,y,z)='de'               #提示错误
```

3. 多目标赋值

多目标赋值指用连续多个"="为变量赋值。例如:

```
>>>a=b=c=10                   #将 10 分别赋值给变量 a,b,c
>>>a,b,c
(10,10,10)
```

4. 增强赋值

增强赋值指运算符与赋值相结合的赋值语句。例如:

```
>>>a=10
>>>a+=20                      #等价于 a=a+20
>>>a
30
```

2.3　Python 数据类型

Python 中有 6 个标准的数据类型:数字(number)、字符串(string)、列表(list)、元组(tuple)、字典(dictionary)、集合(set),本节主要介绍前两种,后四种将在第三章介绍。

2.3.1　数字

数字是程序处理的一种基本数据,Python 核心对象包含的常用数字类型有整型(int)、浮点型(float)、布尔型(bool)以及与之相关的语法和操作。此外,Python 还允许将十进制的整型数表示为二进制数、八进制数和十六进制数。

(1)整型:整型常量就是不带小数点的数,但有正负之分。例如:1、10、-100、0 等。在 Python 3.x 中不再区分整型和长整型。

(2)浮点型:浮点型由整数部分和小数部分组成。例如:1.23、2.34、-3.45 等。浮点型也可以使用科学记数法表示,例如:$2.5e2=2.5\times10^2=250$。

(3)布尔型:bool 只有 True 和 False 两个值。

2.3.2　字符串

字符串是一个有序的字符的集合,用来存储和表现基于文本的信息。

Python 字符串有多种表示方式。

1. 单引号和双引号

在表示字符常量时,单引号和双引号可以互换,可以用单引号或者双引号两种形式返回相同类型的对象。同时单引号字符串可以嵌入双引号或在双引号中嵌入单引号。例如:

```
>>>'ab',"ab"
('ab','ab')
>>>'12"ab'
'12"ab'
>>>"12'ab"
"12'ab"
```

2. 三引号

在表示字符常量时,三引号通常用来表示多行字符串,也被称为块字符。在显示时,字符串中的各种控制字符以转义字符显示。例如:

```
>>>str='''this is string
this is python string
this is string'''
>>>print(str)
this is string
this is python string
this is string
```

三引号还可以作为文档注释,被三引号包含的代码可作为多行注释使用。

3. 转义字符

在字符中使用特殊字符时,Python用反斜杠\来转义字符。常用转义字符见表2.2。

表 2.2　常用转义字符

转义字符	说　　明	转义字符	说　　明
\\	反斜杠	\'	单引号
\r	回车符	\"	双引号
\n	换行符	\b	退格符
\t	水平制表符	\f	换页符
\v	垂直制表符	\a	响铃符
\0	Null,空字符串	\0yy	八进制值表示 ASCII 码对应字符,以 0 开头,yy 代表 0~7 字符
\xhh	十六进制值表示 ASCII 码对应字符,以\x 开头,hh 代表字符		

4. 带 r 或 R 前缀的 Raw 字符串

由于在 Python 中不会解析其字符串中的转义字符,所以可以利用 Raw 字符串来解决打开 Windows 系统中文件路径的问题。例如:

```
path=open('d:\temp\newpy.py','r')
```

Python 会将文件名字符串中的\t 和\n 处理为转义字符。为避免这种情况,可将文件名中的反斜杠\表示为转义字符\\,即:

```
path=open('d:\\temp\\newpy.py','r')
```

或者将反斜杠\用正斜杠/表示,即:

```
path=open('d:/temp/newpy.py','r')
```

或者使用 Raw 字符串来表示文件名字符串。例如:

```
path=open(r'd:\temp\newpy.py','r')
```

这里 r 或 R 不区分大小写。

2.4 Python 运算符与表达式

Python 中有丰富的运算符,包括算术运算符、关系运算符、字符串运算符和逻辑运算符。表达式是由运算符和圆括号将常量、变量和函数等按一定规则组合在一起的式子。根据运算符的不同,Python 有算术表达式、关系表达式、字符串表达式和逻辑表达式。

2.4.1 算术运算符和表达式

Python 中常见的算术运算符包括加、减、乘、除、取余、整除、幂运算。算术运算符及表达式的具体说明见表 2.3。

表 2.3　算术运算符及表达式

运算符	说明	表达式	输出结果	运算符	说明	表达式	输出结果
+	加	1+2	3	%	取余	7%2	1
−	减	1−2	−1	//	整除	7//2	3
*	乘	1*2	2	**	幂运算	2**3	8
/	除	1/2	0.5				

【例 2.1】 算术运算符及表达式举例。

打开 Python 编辑器,输入如下代码,保存为 2.1.py,并调试运行。

```
add=2+3
print("%d+%d=%d" %(2,3,add))        #加法运算并输出,输出结果为 2+3=5
sub=2-3
print("%d-%d=%d" %(2,3,sub))        #减法运算并输出,输出结果为 2-3=-1
mul=2*3
print("%d*%d=%d" %(2,3,mul))        #乘法运算并输出,输出结果为 2*3=6
div=6/2
print("%d/%d=%d" %(6,2,div))        #除法运算并输出,输出结果为 6/2=3.0
mod=7%2
print("%d%%%d=%d" %(7,2,mod))       #计算余数并输出,输出结果为 7%2=1
```

```
fdiv=7//2
print("%d//%d=%.1f" % (7,2,fdiv))          #整除运算并输出,输出结果为 7//2=3
power=2**3
print("%d**%d=%d" % (2,3,power))           #乘方运算并输出,输出结果为 2**3=8
```

2.4.2 赋值运算符和表达式

赋值运算除了一般的赋值运算(＝)外,还包括各种复合赋值运算,例如:＋＝、－＝、＊＝、/＝。其功能是把赋值号右边的值赋给左边变量所在的存储单元。赋值运算符及表达式见表 2.4。

表 2.4 赋值运算符及表达式

运算符	说 明	表达式	表达式说明
＝	直接赋值	x=2	将 2 的值赋给 x
＋＝	加法赋值	x＋＝2	等同于 x=x＋2
－＝	减法赋值	x－＝2	等同于 x=x－2
＊＝	乘法赋值	x＊＝2	等同于 x=x＊2
/＝	除法赋值	x/＝2	等同于 x=x/2
%＝	取余赋值	x%＝2	等同于 x=x%2
//＝	整除赋值	x//＝2	等同于 x=x//2
＊＊＝	幂赋值	x＊＊＝2	等同于 x=x＊＊2

【例 2.2】 赋值运算符举例

打开 Python 编辑器,输入如下代码,保存为 2.2.py,并调试运行。

```
a=15
b=10
c=0
c=a+b
print("value of c is",c)          #输出结果为 value of c is 25
c+=a
print("value of c is",c)          #输出结果为 value of c is 40
c*=a
print("value of c is",c)          #输出结果为 value of c is 600
c/=a
print("value of c is",c)          #输出结果为 value of c is 40.0
c=2
c%=a
print("value of c is",c)          #输出结果为 value of c is 2
c**=a
print("value of c is",c)          #输出结果为 value of c is 32768
c//=a
print("value of c is",c)          #输出结果为 value of c is 2184
```

2.4.3 逻辑运算符和表达式

逻辑运算符是执行逻辑运算的运算符。逻辑运算也称布尔运算,运算结果是逻辑真

(True)或逻辑假(False)。Python 常用的逻辑运算符有 not、and 和 or。逻辑运算符及表达式见表 2.5。

表 2.5　逻辑运算符及表达式

运算符	说　明	表达式	表达式说明
not	逻辑非	not x	x 为真返回 False，x 为假返回 True
and	逻辑与	x and y	x、y 同时为真返回 True，否则返回 False
or	逻辑或	x or y	x、y 只要其中一个为真返回 True，都为假则返回 False

【例 2.3】　逻辑运算符举例。

打开 Python 编辑器输入如下代码，保存为 2.3.py 并调试运行。

```
a=2
b=5
c=0
if (a and b):
  print("a 和 b 都为真")
else:
  print ("a 和 b 有一个不为真")
if (a or b):
  print ("a 和 b 至少有一个为真")
else:
  print ("a 和 b 都不为真")
if not(c and b):
  print ("a 和 b 结果为假")
else:
  print ("a 和 b 结果为真")
```

输出结果为

```
a 和 b 都为真
a 和 b 至少有一个为真
a 和 b 结果为假
```

2.4.4　关系运算符和表达式

关系运算符也称比较运算符，用来对两个表达式的值进行比较，比较的结果为逻辑值。若关系成立返回 True，若关系不成立返回 False。在 Python 中常用的关系运算符及表达式见表 2.6。

表 2.6　关系运算符及表达式

运算符	说明	表达式	返回值	运算符	说明	表达式	返回值
==	等于	2==3	False	>	大于	2>3	False
!=	不等于	2!=3	True	<	小于	2<3	True

续表

运算符	说明	表达式	返回值	运算符	说明	表达式	返回值
<>	不等于	2<>3	True	<=	小于等于	2<=3	True
>=	大于等于	2>=3	False				

例如：

```
>>>5<8 and 5==8                    #结果:False
>>>5>8 or 5<8                      #结果:True
>>>not 5.8>=5                      #结果:False
>>>5<6<7                           #结果:True
```

2.4.5　字符串运算符和表达式

1. 常用字符串运算符和表达式

在 Python 中同样提供了对字符串进行相关处理的操作,常用的字符串运算符及表达式见表 2.7。假设变量 a 为字符串 python,变量 b 为字符串 easy。

表 2.7　常用的字符串运算符及表达式

运算符	说　　明	表达式	输出结果
+	字符串连接	a+b	pythoneasy
*	重复输出字符串	a＊2	pythonpython
[]	通过索引获取字符串中的字符,索引从 0 开始	a[1]	y
[:]	截取字符串中的一部分	a[1:6]	ython
in	成员运算符,如果字符串中包含给定的字符则返回 True	'n' in a	True
not in	成员运算符,如果字符串中不包含给定的字符则返回 True	'm' not in a	True
r 或 R	原始字符串,所有的字符串都是直接按照字面的意思使用,没有转义字符、特殊字符或不能打印的字符。原始字符串字符的第一个引号前加字母 r 或 R	print (r'\n') print (R'\n')	\n \n
%	格式字符串	print("%d＋%d＝%d" %(2,3,5))	2＋3＝5

【例 2.4】　字符串运算符举例。
打开 Python 编辑器输入如下代码,保存为 2.4.py 并调试运行。

```
a="python"
b="easy"
print("a+b输出结果:",a+b)
print("a＊2输出结果:",a＊2)
print("a[1]输出结果:",a[1])
```

```
print("a[1:6]输出结果:",a[1:6])
if ("n" in a):
  print("n 在变量 a 中")
else:
  print("n 不在变量 a 中")
if ("m" not in a):
  print("m 不在变量 a 中")
else:
  print("m 在变量 a 中")
print(r"\n")
```

输出结果为

```
a+b 输出结果:pythoneasy
a * 2 输出结果:pythonpython
a[1]输出结果:y
a[1:6]输出结果:ython
n 在变量 a 中
m 不在变量 a 中
\n
```

2. 字符串的格式化

编写程序的过程中经常需要进行格式化输出,Python 提供了字符串格式化操作符"%"。格式化字符串时,Python 使用一个字符串作为模板。模板中有格式符,这些格式符为真实预留位置,并说明真实数值应该呈现的格式。Python 用一个元组将多个值传递给模板,每个值对应一个格式符。例如:

```
>>>print("I'm %s.I'm %d years old" % ('student',20))
I'm student.I'm 20 years old
```

其中,"I'm %s.I'm %d years old"为模板。%s 为第一个格式符,表示一个字符串。%d 为第二个格式符,表示一个整数。('student',20)的两个元素'student'和 20 分别替换%s 和%d 的真实值。模板和元组之间由一个"%"分隔,它代表了格式化操作。

Python 中格式符可以包含的类型见表 2.8。

表 2.8 格式符类型

格式符	说 明
%c	转换成字符(ASCII 码值,或者长度为 1 的字符串)
%r	优先用 repr()函数进行字符转换
%s	优先用 str()函数进行字符串转换
%d 或%i	转换成有符号的十进制数
%u	转换成无符号的十进制数
%o	转换成无符号的八进制数
%x 或%X	转换成无符号的十六进制数(x 或 X 代表转换后的十六进制字符的大小写)

续表

格式符	说　明
%e 或 %E	转换成科学记数法(e 或 E 控制输出 e 或 E)
%f 或 %F	转换成浮点数(小数部分自然截断)
%%	输出%(如果格式字符串里面包括百分号,那么必须使用%%)

通过%可以进行字符串格式化,%经常与表 2.9 所示的辅助符一起使用。

表 2.9　格式化操作符辅助符

辅助符	说　明
*	定义宽度或者小数点精度
—	左对齐
+	在正数前面显示加号
#	在八进制数前面显示 0,在十六进制数前面显示 0x 或者 0X(取决于用的是 x 还是 X)
0	显示的数字前面填充 0,而不是默认的空格
(var)	映射变量(通常用来处理字段类型的参数)
m.n	m 是显示的最小总宽度,n 是小数点后的位数

【例 2.5】　字符串的格式化操作举例。

打开 Python 编辑器输入如下代码,保存为 2.5.py 并调试运行。

```
a=50
f=3.1415926
print("%d to hex is %x" % (a,a))
print("%d to hex is %X" % (a,a))
print("%d to hex is %#x" % (a,a))
print("%d to hex is %#X" % (a,a))
print("value of f is %.4f" % f)
print("value of f is %010.4f" % f)
```

输出结果为

```
50 to hex is 32
50 to hex is 32
50 to hex is 0x32
50 to hex is 0X32
value of f is 3.1416
value of f is 00003.1416
```

2.4.6　位运算符和表达式

位运算符是把数字看作二进制进行计算。Python 中的位运算符及其表达式见表 2.10 所示。

表 2.10 位运算符及表达式

运算符	说 明	表达式	运算符	说 明	表达式
&	按位与	x&y	~	按位取反	~x
|	按位或	x|y	<<	按位左移	x<<y
^	按位异或	x^y	>>	按位右移	x>>y

按位与：两个操作数 x、y 按相同位置进行与操作，两个位置上都是 1 时，其结果为 1，否则为 0。

按位或：两个操作数 x、y 按相同位置进行或操作，只要有一个位置上是 1，其结果为 1，否则为 0。

按位异或：两个操作数 x、y 按相同位置进行异或操作，位置上的数相同时，其结果为 0，否则为 1。

按位取反：操作数 x 的二进制位中，1 取反为 0，0 取反为 1，符号位也参与操作。

按位左移：两个操作数 x、y，将 x 按二进制形式向左移动 y 位，末尾补 0，符号位保持不变。向左移动一位等同于乘以 2。

按位右移：两个操作数 x、y，将 x 按二进制形式向右移动 y 位，符号位保持不变。向右移动一位等同于除以 2。

例如：

```
a=00101111
b=00010101
a&b=00000101
a|b=00111111
a^b=00111010
~a=11010000
```

2.4.7 运算符的优先级

每一种运算符都有一定的优先级，用来决定它在表达式中的运算顺序。表 2.11 列出了各类运算符从高到低的优先级。如果表达式中包含括号，Python 会首先计算括号内的表达式，然后将结果用在整个表达式中。例如：计算表达式 a+b*(c-d)/e 时，运算符的运算顺序依次为()→ * →/→+。

表 2.11 各类运算符的优先级

运 算 符	说 明
**	幂运算
~	按位取反
—	负号
*、%、/、//	乘法、取余、除法、整除

续表

运　算　符	说　　明
+、-	加法、减法
<<、>>	向左移动、向右移动
&	按位与
^	按位异或
|	按位或
<、<=、>、>=、==、!=	小于、小于等于、大于、大于等于、等于、不等于
not、and、or	逻辑非、逻辑与、逻辑或

【例 2.6】 运算符优先级举例。

打开 Python 编辑器输入如下代码,保存为 2.6.py 并调试运行。

```python
a=10
b=15
c=20
d=5
e=0
e=(a+b)*c/d
print("(a+b)*c/d运算结果为:",e)
e=((a+b)*c)/d
print("((a+b)*c)/d运算结果为:",e)
e=(a+b)*(c/d)
print("(a+b)*(c/d)运算结果为:",e)
e=a+(b*c)/d
print("a+(b*c)/d运算结果为:",e)
```

输出结果为

```
(a+b)*c/d运算结果为:100.0
((a+b)*c)/d运算结果为:100.0
(a+b)*(c/d)运算结果为:100.0
a+(b*c)/d运算结果为:70.0
```

2.5　Python 常用函数

Python 常用函数包括数据类型转换函数、数学函数、字符串处理函数和输入输出函数。下面一一进行介绍。

1. 数据类型转换函数

程序在编写过程中时常需要对数据类型进行转换。Python 中常用的数据类型转换函数见表 2.12。

表 2.12　常用的数据类型转换函数

函数名	说　明
int(x[,base])	将字符串常量或变量 x 转换为整数,参数 base 为可选参数
float(x)	将字符串常量或变量 x 转换为浮点数
eval(str)	计算在字符串中有效的 Python 表达式,并返回一个对象
str(x)	将数值 x 转换为字符串
repr(obj)	将对象 obj 转换为可打印的字符串
chr(整数)	将一个整数转换为对应的 ASCII 字符
ord(字符)	将一个字符转换为对应的 ASCII 值
hex(x)	将一个整数转换成一个十六进制字符串
oct(x)	将一个整数转换成一个八进制字符串
tuple(s)	将序列 s 转换成一个元组
list(s)	将序列 s 转换成一个列表
set(s)	将序列 s 转换成可变集合
dict(d)	创建一个字典,d 必须是一个序列(key,value)元组

例如:

```
>>>int(3.6)
3
>>>int('12',16)                    #如果带参数 base,12 要以字符串的形式进行输入,16 为十六进制
18
>>>float(112)
112.0
>>>x=7
>>>eval('3*x')
21
>>>s='run'
>>>str(s)
'run'
>>>dict={'runoob':'runoob.com','google':'google.com'}   #字典
>>>repr(dict)
"{'runoob': 'runoob.com', 'google': 'google.com'}"
>>>print(chr(0x30),chr(48))                    #第一个数是十六进制,第二个数是十进制
0 0
>>>ord('a')
97
>>>hex(255)
'0xff'
>>>oct(10)
'012'
>>>tuple([1,2,3,4])
```

```
(1,2,3,4)
>>>tuple({1:2,3:4})                           #针对字典,返回的是字典的 key 组成的 tuple
(1,3)
>>>atuple=(123,'xyz','abc')
>>>alist=list(atuple)
>>>print(alist)
[123,'xyz','abc']
>>>x=set('google')
>>>y=set('python')
>>>x,y
({'e','o','g','l'},{'n','o','y','t','p','h'})             #重复的被删除
>>>dict(a='a',b='b',c='c')
{'a':'a','b':'b','c':'c'}
```

2. 数学函数

Python 中的 math 模块提供了基本的数学函数。使用时首先用 import math 语句将 math 模块导入。math 模块中常用的数学函数见表 2.13。

表 2.13   常用的数学函数

函数名	说 明	函数名	说 明
abs(x)	求 x 的绝对值,abs()是一个内置函数,适用于 float、int 和复数类型	sin(x)	求 x 的正弦
fabs(x)	求 x 的绝对值,fabs()在 math 模块中定义,使用时需要导入 math 模块,适用于 float 和 int 类型	cos(x)	求 x 的余弦
exp(x)	返回 e 的 x 次幂	asin(x)	求 x 的反正弦
pow(x,y)	求 x 的 y 次幂	acos(x)	求 x 的反余弦
log10(x)	返回以 10 为底的 x 的对数	tan(x)	求 x 的正切
sqrt(x)	求 x 的平方根	atan(x)	求 x 的反正切
floor(x)	求不大于 x 的最大整数	fmod(x,y)	求 x/y 的余数
ceil(x)	求不小于 x 的最小整数		

例如:

```
>>>abs(-100.1)
100.1
>>>pow(2,5)
32
>>>import math                                #导入 math 模块
>>>math.fabs(-100.1)
100.1
>>>math.exp(2)
7.38905609893065
>>>math.log10(2)
```

```
0.3010299956639812
>>>math.sqrt(4)
2.0
>>>math.floor(-100.1)
-101
>>>math.ceil(-100.1)
-100
>>>math.sin(3)
0.1411200080598672
>>>math.cos(3)
-0.9899924966004454
>>>math.asin(-1)          #参数必须是-1~1之间的数值。如果参数值大于1,会产生一个错误
-1.5707963267948966
>>>math.acos(-1)          #参数必须是-1~1之间的数值。如果参数值大于1,会产生一个错误
3.141592653589793
>>>math.tan(3)
-0.1425465430742778
>>>math.atan(3)
1.2490457723982544
>>>math.fmod(-10,3)
-1.0
```

3. 常用的字符串处理函数

Python 提供了常用的字符串处理函数,见表 2.14。

表 2.14　字符串处理函数

函　数　名	说　　明
string.format()	格式化字符串
string.isdigit()	如果 string 中只包含数字字符则返回 True,否则返回 False
string.isnumeric()	如果 string 中包含汉字数字字符则返回 True,否则返回 False
string.islower()	如果 string 中都是小写字符,则返回 True,否则返回 False
string.isupper()	如果 string 中都是大写字符,则返回 True,否则返回 False
string.lower()	将 string 中所有大写字符转换为小写字符
string.upper()	将 string 中所有小写字符转换为大写字符
string.lstrip()	删除 string 左边的空格
string.rstrip()	删除 string 末尾的空格
string.decode(encoding＝'UTF-8', errors＝'strict')	以 encoding 指定的编码格式解码 string,如果出错默认报一个 ValueError 的异常

例如:

```
>>>string="python is easy"
>>>string.isdigit()
```

```
False
>>>string.isnumeric()
False
>>>string.islower()
True
>>>string.isupper()
False
>>>string.upper()
'PYTHON IS EASY'
>>>"{} {}".format("hello","python")            #不设置指定位置,按默认顺序
'hello python'
>>>"{1} {0} {1}".format("hello","python")      #设置指定位置,hello 对应{0},python
                                                 对应{1}

'python hello python'
```

4. 常用的输入输出函数

(1) input()函数。input()函数接受一个标准输入数据,返回为 string 类型。

语法格式:

```
input([prompt])
```

其中 prompt 表示提示信息。

例如:

```
>>>a=input("请输入内容:")
请输入内容:123
```

(2) print()函数。print()函数用于显示输出。

语法格式:

```
print(objects,sep=' ',end='\n',file=sys.stdout)
```

其中 objects 是复数,表示可以一次输出多个对象,输出多个对象时,需要用“,”分隔;sep 用来分隔多个对象,默认值是一个空格;end 用来设定以什么结尾,默认值是换行符\n,也可以换成其他字符串;file 是要写入的文件对象。

例如:

```
>>>print(1)
1
>>>print("hello python")
hello python
>>>a=1
>>>b='python'
>>>print(a,b)
1 python
>>>print("aa""bb")
aabb
>>>print("aa", "bb")
```

```
aa bb
>>>print("www","baidu","com",sep=".")
www.baidu.com
```

【例 2.7】 根据用户输入的内容输出相应的结果。

打开 Python 编辑器输入如下代码,保存为 2.7.py 并调试运行。

```
name=input("请输入您的姓名:")
sex=input("请输入您的性别:")
age=input("请输入您的年龄:")
print("您的姓名是{},{},年龄{}岁".format(name,sex,age))
```

运行结果如下:

```
请输入您的姓名:小丽
请输入您的性别:女
请输入您的年龄:20
您的姓名是小丽,女,年龄 20 岁
```

【例 2.8】 输入一个三位正整数,求各位数的立方和。

打开 Python 编辑器输入如下代码,保存为 2.8.py 并调试运行。

```
n=int(input("请输入一个三位的正整数:"))
a=n//100
b=n//10%10
c=n%10
sum=a**3+b**3+c**3
print("各位数的立方和是:",sum)
```

运行结果如下:

```
请输入一个三位的正整数:123
各位数的立方和是: 36
```

2.6 算法的概念

算法是求解问题的一系列计算步骤,用来将输入数据转换成输出结果,如图 2.1 所示。

如果一个算法对每一个输入实例都能输出正确的结果并停止,则称该算法是正确的。一个正确的算法能解决给出的求解问题,不正确的算法对于某些输入来说可能根本不会停止,或者停止时给出的不是正确的结果。

算法设计应满足以下几个目标。

(1)正确性:要求算法能够正确地执行,并体现事先规定的功能和性能。这是最基本也是最重要的标准。

(2)可使用性:要求算法能够很方便地使用,这个特性也称为用户友好性。

(3)可读性:算法应该易于理解,也就是可读性好。为了达到这个要求,算法的逻辑必

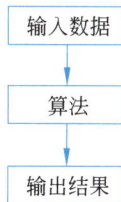

图 2.1 算法的概念

须清晰、简单和结构化。

（4）健壮性：要求算法具有很好的容错性，即提供异常处理，能够对不合理的数据进行检查，不经常出现异常中断或死机现象。

（5）高效率与低存储量需求：通常情况下，算法的效率主要指算法的执行时间。对于同一个问题如果有多种算法可以求解，执行时间较短的算法效率高。算法存储量是指算法执行过程中所需的最大存储空间。效率和存储量都与问题的复杂度有关。

2.7 习题

1. 填空题

（1）一元二次方程 $ax^2+bx+c=0$ 有实根的条件是：$a\neq0$，并且 $b^2-4ac\geq0$。表示该条件的表达式是_____。

（2）设 A=3.5，B=5.0，C=2.5，D=True，则表达式 A>0 and A+C>B+3 or not D 值为_____。

（3）格式化输出浮点数：宽度为 10，2 位小数，左对齐，则格式串为_____。

（4）Python 的数据类型有：_____、_____、_____、_____、_____。

（5）将字符串 X 转换为浮点数的代码是_____。

（6）假设有一个变量 example，判断它的类型的语句是_____。

（7）将字符串 example 中的字母 a 替换为字母 b 的语句是_____。

（8）代码 print(type([1,2])) 的输出结果为_____。

（9）用作 Python 的多行注释标记是_____。

（10）变量 a 的值为字符串类型的 2，将它转换为整型的语句是_____。

（11）print('%.2f'%123.444) 的输出结果是_____。

（12）表达式 3 * 1**3 的输出结果为_____。

（13）表达式 9//2 的输出结果为_____。

（14）计算 $2^{30}-1$ 的 Python 表达式为_____。

（15）表达式 1/4+2.25 的值是_____。

2. 选择题

（1）按变量名的定义规则，下面不合法的变量名是（   ）。

    A. def   B. Mark_2   C. tempVal   D. Cmd

（2）表达式 int(8 * math.sqrt(36) * 10**(-2) * 10+0.5)/10 的值是（   ）。

    A. 0.48   B. 0.048   C. 0.5   D. 0.05

（3）表达式 "123"+"100" 的值是（   ）。

    A. 223   B. '123+100'   C. '123100'   D. 123100

（4）表示"身高 H 超过 1.7 米（包含 1.7 米）且体重 W 小于 62.5 公斤（包含 62.5 公斤）"的逻辑表达式为（   ）。

    A. H>=1.7 and W<=62.5   B. H<=1.7 or W>=62.5

    C. H>1.7 and W<62.5   D. H>1.7 or W<62.5

（5）下列语句在 Python 中非法的是（   ）。

    A. x=y=z=1   B. x=(y=z+1)   C. x,y=y,x   D. x+=y

（6）关于 Python 内存管理,下列说法错误的是(　　)。

　　A. 变量不必事先声明

　　B. 变量无须先创建和赋值即可直接使用

　　C. 变量无须指定类型

　　D. 可以使用 del 释放资源

（7）Python 不支持的数据类型有(　　)。

　　A. char　　　　　　　B. int　　　　　　　C. float　　　　　　　D. list

（8）下列关于 Python 中字符串的说法错误的是(　　)。

　　A. 字符应视为长度为 1 的字符串

　　B. 字符串中以\0 标志字符串的结束

　　C. 用单引号和双引号均可以创建字符串

　　D. 在三引号字符串中可以包含换行回车等特殊字符

（9）Python 表达式中,可以使用(　　)控制运算的优先顺序。

　　A. 圆括号()　　　　B. 方括号[]　　　　C. 花括号{}　　　　D. 尖括号<>

（10）将数学关系式 $2<x\leqslant10$ 表示成 Python 表达式,下列选项正确的是(　　)。

　　A. 2<x=>10　　　　　　　　　　　　B. 2<x and x<=10

　　C. 2<x && x<=10　　　　　　　　　D. x>2 or x<=10

（11）已知"x=2;y=3",复合赋值语句 x*=y+5 执行后,x 变量中的值是(　　)。

　　A. 11　　　　　　　B. 13　　　　　　　C. 16　　　　　　　D. 26

（12）整型变量 x 中存放了一个两位数,要将这个两位数的个位数和十位数交换位置,例如,13 变成 31,正确的 Python 表达式是(　　)。

　　A. (x%10)*10+x//10　　　　　　　　B. (x%10)//10+x//10

　　C. (x/10)%10+x//10　　　　　　　　D. (x%10)*10+x%10

（13）与数学表达式 $\dfrac{cd}{2ab}$ 对应的 Python 表达式中,不正确的是(　　)。

　　A. c*d/(2*a*b)　　　　　　　　B. c/2*d/a/b

　　C. c*d/2*a*b　　　　　　　　　D. c*d/2/a/b

（14）当需要在字符串中使用特殊字符时,Python 使用(　　)作为转义字符。

　　A. \　　　　　　　B. /　　　　　　　C. #　　　　　　　D. %

（15）关于 a or b 的描述错误的是(　　)。

　　A. 如果 a=True,b=True,则 a or b 等于 True

　　B. 如果 a=True,b=False,则 a or b 等于 True

　　C. 如果 a=True,b=True,则 a or b 等于 False

　　D. 如果 a= False,b= False,则 a or b 等于 False

（16）幂运算的运算符为(　　)。

　　A. *　　　　　　　B. ++　　　　　　　C. %　　　　　　　D. **

（17）下列运算符中,优先级最高的运算符为(　　)。

　　A. &　　　　　　　B. **　　　　　　　C. /　　　　　　　D. ~

（18）执行下列语句后的显示结果是(　　)。

```
>>>world="world"
```

```
>>>print("hello"+world)
```

  A. helloworld   B. "hello"world

  C. hello world   D. 语法错误

（19）下列与数学表达式 x^y（x 的 y 次方）对应的 Python 表达式中，正确的是（ ）

  A. x^y   B. x**y

  C. x^^y   D. Python 中没有提到

（20）22%3 表达式输出结果为（ ）。

  A. 7   B. 1   C. 0   D. 5

3. 编程题

（1）输入两个正整数，分别输出这两个数的和、差和积。

（2）分别输入三个字符串 http://www、baidu、com，输出为 http://www.baidu.com。

（3）输入圆的半径，输出该圆的面积和周长。

第3章　Python序列结构

数据结构(data structure)是相互之间存在一种或多种特定关系的数据元素的集合,这些数据元素可以是数字或字符,同样也可以是其他类型的数据结构。

Python中常见的数据结构可以统称为容器(container)。序列(如列表和元组)、映射(如字典)以及集合是三类主要的容器。

在 Python 语言中,序列(sequence)是最基本的数据结构。序列中,给每一个元素分配一个序列号,即元素的位置,该位置称为索引。第一个索引为 0,第二个索引为 1,依此类推。Python 中包含 6 种内建序列,本书讨论最常用的两种: 列表与元组。

3.1　列表

列表是 Python 语言中最通用的序列数据结构之一。列表是一个没有固定长度的、用来表示任意类型对象的位置相关的有序集合。对列表中的每个元素都分配一个数字——它的位置(索引),第一个索引是 0,第二个索引是 1,依此类推。

3.1.1　列表的基本操作

1. 创建列表

创建一个列表,只要把逗号分隔的、不同的数据项用方括号括起来即可。例如:

```
>>>list1 = ['Google', 'python', 2018, 2019]
>>>list2 = [1, 2, 3, 4, 5 ]
>>>list3 = ["a", "b", "c", "d"]
```

2. 访问列表

可以使用下标索引访问列表中的值,同样也可以使用方括号的形式截取字符。例如:

```
>>>list1=['Google', 'python', 2018, 2019]
>>>list2=[1, 2, 3, 4, 5, 6, 7 ]
>>>print ("list1[0]: ", list1[0])          #输出结果为list1[0]:Google
>>>print ("list2[1:5]: ", list2[1:5])       #输出结果为list2[1:5]:[2,3,4,5]
```

3. 列表元素赋值

列表元素的赋值主要包括列表整体赋值和列表指定位置赋值两种形式。例如:

```
>>>x=[1,2,3,4,5]                            #列表整体赋值
>>>x
[1,2,3,4,5]
>>>x[2]=6                                   #列表指定赋值
>>>x
[1,2,6,4,5]
```

注意：程序设计中不能对不存在的位置进行赋值。例如，在上例中，列表 x 内只包含 5 个元素，如果运行 x[5]＝6，则会出现"IndexError：list assignment index out of range"的错误提示，即索引超出范围。

4. 列表元素删除

可以使用 del 语句删除列表元素。例如：

```
>>>list = ['Google', 'python', 2018, 2019]
>>> list
['Google', 'python', 2018, 2019]
>>>del list[2]                              #删除列表指定索引的值
>>>list
['Google', 'python', 2019]
```

与列表元素赋值相似，列表元素的删除只能对已有元素进行删除，否则也会产生索引超出范围的错误提示。

5. 列表分片赋值

分片操作可以用来访问一定范围内的元素，也可以用来提取序列的一部分内容。分片是通过冒号相隔两个索引来实现的，第一个索引的元素被包含在片内，第二个索引的元素不包含在片内。例如：

```
>>> list=[1,2,3,4,5,6,7]
>>> print(list[1:3])
[2, 3]                                      #输出分片结果
>>> list1=list[1:3]                         #分片并赋值
>>> print(list1)
[2, 3]
```

6. 列表组合

操作符"＋"号用于组合列表，它的作用是把"＋"两边的列表组合起来得到一个新的列表。例如：

```
>>>list1=[1,2,3]
>>>list2=[4,5,6]
>>>list=list1+list2                         #对两个列表进行拼接
>>>print(list)
[1,2,3,4,5,6]
```

7. 列表重复

操作符"＊"号用于重复列表，它的作用是对列表中的元素重复指定次数。例如：

```
>>>list1=["python is easy"]
>>>list=list1 * 4                           #对列表重复 4 次
>>>print(list)
['python is easy', 'python is easy', 'python is easy', 'python is easy']
```

3.1.2 列表的常用方法

方法是一个与对象有着密切关联的函数，列表的常用方法见表 3.1。方法的调用格式为

对象.方法(参数)

表 3.1 列表的常用方法

方 法	说 明
count()	统计某元素在列表中出现的次数
append()	在列表末尾追加新的对象
extend()	在列表的末尾一次性追加另一个序列中的多个值
insert()	将对象插入列表中
pop()	移除列表中的一个元素，并返回该元素的值
remove()	用于移除列表中某个值的第一个匹配项
reverse()	将列表中的元素反向排列
sort()	用于对原列表进行排序，无返回值
index()	在列表中找出某个值第一次出现的位置
clear()	清空列表
copy()	复制列表
len()	返回列表元素个数
max()	返回列表元素中的最大值
min()	返回列表元素中的最小值
list()	将元组转换为列表

1. count()

count()方法可以用来统计列表中某元素出现的次数。语法格式为

对象.count(obj)

其中 obj 表示列表中统计的对象。该方法返回元素在列表中出现的次数。例如：

```
>>>list=['h','a','p','p','y']
>>> list.count('p')
2
```

count()方法可以统计列表中任意元素的出现次数，该元素包括数字、字母、字符串甚至其他列表。例如：

```
>>>list=[7,1,2,2,1,7]
>>>list.count(2)
```

2

2. append（）

append()方法用于在列表末尾追加新的对象。语法格式为

对象.append(obj)

其中 obj 表示添加到列表末尾的对象。该方法无返回值,但是会修改原来的列表。例如:

```
>>>list=["Google","python"]
>>> list.append("baidu")
>>>list
['Google','python', 'baidu']
```

3. extend（）

extend()方法可以在列表的末尾一次性追加一个新的序列中的值。语法格式为

对象.extend(seq)

其中 seq 表示元素列表。该方法没有返回值,但会在已存在的列表中添加新的列表内容。例如:

```
>>>list1=['a','b','c']
>>>list2=['d','e']
>>>list1.extend(list2)
>>>list1
['a','b','c','d','e']
```

4. insert（）

insert()方法可以在指定位置添加新的元素。语法格式为

对象.insert(index,obj)

其中 index 表示对象 obj 需要插入的索引位置,obj 表示要插入列表中的对象。该方法没有返回值,但会在列表指定位置插入对象。例如:

```
>>>list=['Google','python','baidu']
>>>list.insert(1,'taobao')
>>>list
['Google','taobao','python','baidu']
```

5. pop（）

pop()方法用于移除列表中的一个元素(默认为最后一个元素),并且返回该元素的值。语法格式为

对象.pop([index=-1])

其中 index 为可选参数,表示要移除列表元素的索引值,其值不能超过列表总长度,默认为 index＝－1,删除最后一个列表值。该方法返回从列表中移除的元素对象。例如:

```
>>> list=['Google','python','baidu']
```

```
>>>list.pop(1)
'python'
>>>list.pop()
'baidu'
```

6. remove()

remove()方法用来删除列表中某元素值的第一个匹配项。语法格式为

```
对象.remove(obj)
```

其中 obj 表示列表中要移除的对象。该方法没有返回值,但是会移除列表中的某个值的第一个匹配项。例如:

```
>>> list=['Google','python','baidu','taobao','python']
>>> list.remove('baidu')
>>> list
['Google', 'python', 'taobao', 'python']
>>> list.remove('python')
>>> list
['Google', 'taobao', 'python']
```

7. reverse()

reverse()方法可以实现列表的反向存放。语法格式为

```
对象.reverse()
```

该方法没有返回值,但是会对列表的元素进行反向排序。例如:

```
>>>list=['Google','python','baidu','taobao']
>>>list.reverse()
>>>list
['taobao','baidu','python','Google']
```

8. sort()

sort()方法用于对原列表进行排序,如果指定参数,则使用指定的比较函数。语法格式为

```
对象.sort(reverse=False)
```

其中 reverse 表示排序规则,如果值为 True 表示降序,值为 False 表示升序,默认为升序。该方法没有返回值,但是会对列表的对象进行排序。例如:

```
>>>list1=['e','a','f','o','i']
>>>list1.sort(reverse=True)
>>>list2
['o','i','f','e','a']
```

说明:对于数字、字符串按照 ASCII 值的大小进行排序,对于中文按照 Unicode 码从小到大进行排序。

9. index ()

index()方法用于从列表中找出某个值第一个匹配项的索引位置。语法格式为

```
对象.index(obj)
```

其中 obj 表示查找的对象。该方法返回查找对象的索引位置,如果没有找到对象则抛出异常。例如:

```
>>>list=['Google','python','baidu','taobao']
>>>list.index('python')
1
```

10. clear ()

clear()方法用于清空列表。语法格式为

```
对象.clear()
```

该方法没有返回值。例如:

```
>>>list=['Google','python','baidu','taobao']
>>>list.clear()
>>>list
[]
```

11. copy ()

copy()方法用于复制列表。语法格式为

```
对象.copy()
```

该方法返回复制后的新列表。例如:

```
>>>list1=['Google','python','baidu','taobao']
>>>list2=list1.copy()
>>>list2
['Google','python','baidu','taobao']
```

12. len ()

len()函数返回列表元素个数。语法格式为

```
len(list)
```

其中 list 表示要计算元素个数的列表。例如:

```
>>>list=['Google','python','baidu','taobao']
>>>len(list)
4
```

13. max ()

max()函数返回列表元素中的最大值。语法格式为

```
max(list)
```

其中 list 表示要返回最大值的列表。例如：

```
>>>list1=['Google','python','baidu','taobao']
>>>max(list1)
'taobao'
>>>list2=[456,251,702]
>>>max(list2)
702
```

14. min()

min()函数返回列表元素中的最小值。语法格式为

```
min(list)
```

其中 list 表示要返回最小值的列表。例如：

```
>>>list1=['Google','python','baidu','taobao']
>>>min(list1)
Google
>>>list2=[456,251,702]
>>>min(list2)
251
```

15. list()

list()函数用于将元组或字符串转换为列表。语法格式为

```
list(seq)
```

其中 seq 表示要转换为列表的元组或字符串。该函数返回的是列表。例如：

```
>>>a=('Google','python','baidu',123)
>>>list1=list(a)
>>>list1
['Google','python','baidu',123]
>>>str="hello python"
>>>list2=list(str)
>>>list2
['h','e','l','l','o','','p','y','t','h','o','n']
```

3.2 元组

序列数据结构的另一个重要类型是元组,元组与列表非常相似,但有 3 点不同：①元组一经定义,它的元素就不能改变；②元组元素可以存储不同类型的数据,包括字符串、数字,甚至是元组；③元组使用圆括号,列表使用方括号。

3.2.1 元组的创建

元组的创建非常简单,可以直接用逗号分隔来创建一个元组。例如：

```
>>>tup1="a","b","c","d"
```

```
>>>tup1
('a','b','c','d')
```

大多数情况下,元组元素是用圆括号括起来的。例如:

```
>>>tup2=(1,2,3,4)
>>>tup2
(1,2,3,4)
```

3.2.2 元组的基本操作

元组的操作主要是元组的创建和元组元素的访问(元组的创建上面已讲,不再赘述),除此之外的操作与列表基本类似。

1. 元组元素的访问

与列表相似,元组可以直接通过索引访问元组中的值。例如:

```
>>>tup1=('Google','python','baidu','taobao')
>>>tup1[1]
'python'
>>>tup2=(1,2,3,4,5,6,7,8)
>>>tup2[1:5]
(2,3,4,5)
```

2. 元组元素的排序

与列表不同,元组的内容不能发生改变,因此适用于列表的 sort()方法并不适用于元组。元组的排序只能先将元组通过 list 方法转换成列表,然后对列表进行排序,再将列表通过 tuple 方法转换成元组。例如:

```
>>>te1=('Google','python','baidu','taobao')
>>>te2=list(te1)
>>>te2.sort()
>>>te1=tuple(te2)
>>>te1
('Google','baidu','python','taobao')
```

3. 元组的修改

元组中的元素值是不允许修改的,但可以对元组进行连接组合。例如:

```
>>>tup1=(12,34,56)
>>>tup2=('abc','xyz')
>>>tup3=tup1+tup2
>>>tup3
(12,34,56,'abc','xyz')
>>>tup1[0]=100                          #修改元组元素操作是非法的
TypeError:'tuple' object does not support item assignments
```

4. 元组的删除

元组中的元素值是不允许删除的,但可以使用 del 语句删除整个元组。例如:

```
>>>tup=('Google','python',2018,2019)
>>>tup
('Google','python',2018,2019)
>>>del tup
>>>tup                          #提示出错。NameError:name 'tup' is not defined
```

3.2.3 元组与列表的区别

元组基本都是不可改变的列表,也就是说没有函数和方法可以改变元组。元组几乎具有列表所有的特性,除了那些会违反不变性的操作,如 append、extend、insert、remove、pop、reverse 和 sort 等就不能用于元组。

例如:

```
>>>a=(1,2,3)
>>>a+a
(1,2,3,1,2,3)
>>>a*3
(1,2,3,1,2,3,1,2,3)
>>>a[1]
2
>>>len(a)
3
>>>max(a)
3
>>>min(a)
1
```

3.3 字典

在 Python 的数据结构类型中,除了序列数据结构还有一种非常重要的数据结构——映射(map),字典结构是 Python 中唯一内建的映射类型。与序列数据结构最大的不同是字典结构中每个字典元素都有键(key)和值(value)两个属性,字典的每个键值对(key=>value)用冒号分割,每个对之间用逗号分隔,整个字典包括在花括号中,格式如下:

```
d={key1:value1,key2:value2}
```

每个字典元素的键必须是唯一的,但值则不必唯一。值可以取任何数据类型,但键必须是不可变的,如字符串、数字或元组。

字典可以通过顺序阅读实现对字典元素的遍历,也可以通过某个字典元素的键进行搜索,从而找到该字典元素对应的值。

字典的基本操作与序列在很多方面相似,主要方法和函数见表3.2。

表 3.2　字典的主要方法

方　　法	说　　明
dict()	通过映射或序列对建立字典
clear()	清除字典中的所有项
pop()	删除指定的字典元素
in	判断字典是否存在指定元素
get()	根据指定键返回对应的值,如果键不存在,则返回 None
values()	以列表的形式返回字典中的值
update()	将两个字典合并

1. dict（）

dict()方法实现利用其他映射或者序列对建立新的字典。例如：

```
>>>te1=[('name','wangwu'),('age',21)]
>>>te2=dict(te1)
>>>te2
{'name':'wangwu','age':21}
>>>te2['age']
21
```

2. clear（）

clear()方法用来清除字典中的所有字典元素,无返回值。例如：

```
>>>te={}
>>>te['name']='wangwu'
>>>te['age']=21
>>>te
{'name':'wnagwu','age':21}
>>>tereturn=te.clear()
>>>te
{}
>>>print(tereturn)
None
```

3. pop（）

pop()方法删除字典给定键 key 所对应的值,返回值为被删除的值。key 值必须给出,否则返回 default 值。例如：

```
>>>te={'name':'wangwu','age':21}
>>>te.pop('age')
21
>>>te
{'name':'wangwu'}
```

4. in

in 操作符用于判断键是否存在于字典中,如果键在字典里返回 True,否则返回 False。not in 操作符刚好相反,如果键在字典里返回 False,否则返回 True。例如:

```
>>> te={'name':'wangwu','age':21}
>>>'name' in te
True
>>>'sex' in te
False
>>>'age' not in te
False
```

5. get()

get()方法用于根据指定键返回对应的值,如果键不存在,返回 None;如果直接访问字典中不存在的元素,会提示 keyError 错误。因此可以利用 get()方法进行元素值的获取。例如:

```
>>> te={'name':'wangwu','age':21}
>>>te.get('name')
'wangwu'
>>>te['sex']
Traceback (most recent call last):
  File "<stdin>",line 1,in <module>
KeyError:'sex'
>>> te['name']
'wangwu'
>>> print(te.get('name'))
Wangwu
```

6. values()

values()方法以列表的形式返回字典中的值。例如:

```
>>>te={}
>>>te[1]='Google'
>>>te[2]='python'
>>>te[3]='baidu'
>>>te[4]='taobao'
>>>te.values()
Dict_values(['Google','python','baidu','taobao'])
>>>list(te.values())                      #转换为列表形式
['Google','python','baidu','taobao']
```

7. update()

update()方法可以将两个字典合并得到新的字典。例如:

```
>>>te1={'name':'wangwu','age':21}
>>>te2={'class':'first'}
```

```
>>>te1.update(te2)
>>>te1
{'name':'wangwu','age':21,'class':'first'}
```

注意：当两个字典中有相同键时会进行覆盖。例如：

```
>>>te1={'name':'wangwu','age':21}
>>>te2={'name':'lisi','class':'first'}
>>>te1.update(te2)
>>>te1
{'name':'lisi','age':21,'class':'first'}
```

3.4　集合

与前面介绍的两种数据结构不同，集合对象是由一组无序元素组成的。

3.4.1　集合的常用方法

集合的常用方法见表 3.3。

表 3.3　集合的常用方法

方　　法	说　　明
set()	创建一个可变集合
add()	在集合中添加元素
update()	将另一个集合中的元素添加到指定集合中
remove()	移除集合中的指定元素
discard()	移除指定的集合中元素
pop()	随机移除集合中的元素
clear()	移除集合中的所有元素
len()	计算集合元素个数
in	判断元素是否在集合中

1. set()

set()方法可以创建一个可变集合。例如：

```
>>>a=set('python')
>>>type(a)
<class 'set'>
>>>a
{'o','h','p','t','n','y'}
```

除了可以用 set()方法创建集合外，还可以使用花括号创建集合，但是，创建一个空集合必须用 set()而不是{}，因为{}只能用来创建一个空字典。

2. add()

add()方法用于给集合添加元素，如果添加的元素在集合中已经存在，则不执行任何操

作。语法格式为

> 对象`.add(item)`

其中 item 表示要添加的元素。例如：

```
>>>a={'c++','java','php'}
>>>a.add('python')
>>>a
{'java','python','c++','php'}
```

3. update()

update()方法用于修改当前集合，可以添加新的元素或集合到当前集合中，如果新添加的元素在集合中已经存在，则该元素只会出现一次。语法格式为

> 对象`.update(set)`

其中 set 可以是元素或集合。例如：

```
>>>x={'c++','java','python'}
>>>y={'python','php','VB'}
>>>x.update(y)
>>>x
{'c++','VB','java','php','python'}
```

4. remove()

remove()方法用于移除集合中的指定元素。语法格式为

> 对象`.remove(item)`

其中 item 表示要移除的元素。该方法返回移除的元素。例如：

```
>>>x={'c++','java','python'}
>>>x.remove('python')
>>>x
{'java','c++'}
```

5. discard()

discard()方法用于移除指定的集合元素。该方法不同于 remove()方法，因为 remove()方法在移除一个不存在的元素时会发生错误，而 discard()方法不会。语法格式为

> 对象`.discard(item)`

其中 item 表示要移除的元素。例如：

```
>>>x={'c++','java','python'}
>>>x.discard('php')
>>>x
{'java','python','c++'}
>>>x.discard('python')
>>>x
```

```
{'java','c++'}
```

6. pop（）

pop()方法用于随机移除一个元素。语法格式为

```
对象.pop()
```

该方法返回移除的元素。例如：

```
>>>x={'c++','java','python'}
>>>x.pop()
'java'
```

说明：多次执行测试结果都不一样。

7. clear（）

clear()方法用于移除集合中的所有元素。语法格式为

```
对象.clear()
```

例如：

```
>>>x={'c++','java','python'}
>>>x.clear()
>>>x
set()
```

8. len（）

len()函数用于计算集合中元素的个数。语法格式为

```
len(s)
```

其中 s 表示需要计算元素个数的集合。该函数返回的是集合中元素的个数。例如：

```
>>>a=set(('c++','java','python'))
>>>len(a)
3
```

9. in

in 用于判断元素是否在集合中，存在返回 True，不存在则返回 False。语法格式为

```
x in s
```

其中 x 表示需要判断是否存在的元素，s 表示集合。例如：

```
>>>a=set(('c++','java','python'))
>>>'php' in a
False
>>>'python' in a
True
```

3.4.2 集合运算符操作

集合除了常用的基本操作之外,还可以使用集合运算符进行操作处理,具体见表3.4。

表 3.4 集合基本运算符

运算符	表达式	说　　明
==	A==B	如果集合 A 等于集合 B,则返回 True,否则返回 False
!=	A!=B	如果集合 A 不等于集合 B,则返回 True,否则返回 False
<	A<B	如果集合 A 是集合 B 的真子集,则返回 True,否则返回 False
<=	A<=B	如果集合 A 是集合 B 的子集,则返回 True,否则返回 False
>	A>B	如果集合 A 是集合 B 的真超集,则返回 True,否则返回 False
>=	A>=B	如果集合 A 是集合 B 的超集,则返回 True,否则返回 False
|	A|B	计算集合 A 与集合 B 的并集
&	A&B	计算集合 A 与集合 B 的交集
—	A—B	计算集合 A 与集合 B 的差集

例如:

```
>>>a=set('abracadabra')
>>>b=set('alacazam')
>>>a==b
False
>>>a!=b
True
>>>a<b
False
>>>a<=b
False
>>>a>b
False
>>>a>=b
False
>>>a|b
{'d','l','b','a','z','m','r','c'}
>>>a&b
{'a','c'}
>>>a-b
{'d','b','r'}
```

3.5 上机练习

(1) 将列表 L=[10,11,12,13,14,15]与元组 T=(20,21,22,23,24,25)进行相互转换并按逆序输出。

打开 Python 编辑器，输入如下代码，保存为 3.1.py，并调试运行。

```
L=[10,11,12,13,14,15]
T=(20,21,22,23,24,25)
print("这是列表 L 转换前的内容:{}\n 这是元组 T 转换前的内容:{}".format(L,T))
L.reverse()                              #列表 L 内容逆序排列
L_new=tuple(L)                           #列表 L 转换成元组
T_new=list(T)                            #元组 T 转换成列表
T_new.reverse()                          #列表 T_new 逆序排列
print("这是列表 L 转换成元组后的内容:{}\n 这是元组 T 转换成列表后的内容:{}".format(L_
new, T_new))
```

运行结果如下：

```
这是列表 L 转换前的内容:[10,11,12,13,14,15]
这是元组 T 转换前的内容:(20,21,22,23,24,25)
这是列表 L 转换成元组后的内容:(15,14,13,12,11,10)
这是元组 T 转换成列表后的内容:[25,24,23,22,21,20]
```

（2）将列表 L=[1,2,3,4,5,6]中的偶数求平方，奇数求立方。

打开 Python 编辑器，输入如下代码，保存为 3.2.py，并调试运行。

```
L=[1,2,3,4,5,6]
L[1],L[3],L[5]=L[1]**2,L[3]**2,L[5]**2   #奇索引求平方
L[0],L[2],L[4]=L[0]**3,L[2]**3,L[4]**3   #偶索引求立方
L.sort()                                 #按升序排列
print(L)
```

运行结果如下：

```
[1,4,16,27,36,125]
```

（3）输入一个 4 位数字，然后依次输出这个数字上的每位数，并使用"-"分隔。

打开 Python 编辑器，输入如下代码，保存为 3.3.py，并调试运行。

```
x=input("请输入一个 4 位数字:")
a,b,c,d=map(int,x)
print(a,b,c,d,sep='-')
```

运行结果如下：

```
请输入一个 4 位数字:1234              #必须输入 4 位数字,否则报错
1-2-3-4
```

3.6　习题

1. 填空题

（1）Python 的序列数据结构类型包括_____、_____、_____三种；_____是 Python 中唯一内建的映射类型。

（2）设 s='abcdefgh'，则 s[3]的值是_____，s[3:5]的值是_____，s[:5]的值

是_____,s[3:]的值是_____,s[::2]的值是_____,s[::-1]的值是_____,
s[-2:-5]的值是_____。

（3）删除字典中所有元素的函数是_____,可以将字典的内容添加到另外一个字典中的函数是_____,返回包含字典中所有键的列表的函数是_____,返回包含字典中的所有值的列表的函数是_____,判断一个键在字典中是否存在的函数是_____。

（4）假设列表对象 x=[1,1,1]，那么表达式 id(x[0])==id(x[2]) 的值是_____。

（5）s=["seashell","gold","pink","brown","purple","tomato"] print(s[1:4:2])的输出结果是_____。

（6）d={"大海":"蓝色","天空":"灰色","大地":"黑色"} print(d["大地"],d.get("大地","黄色"))的输出结果是_____。

（7）执行下面操作后,list2 的值是_____。

```
list1=[4,5,6]
list2=list1
list1[2]=3
```

（8）下列 Python 语句的输出结果是_____。

```
x=y=[1,2];x.append(3)
print(x is y,x==y,end=' ')
z=[1,2,3]
print(x is z,x==z,y==z)
```

（9）下面 Python 语句的输出结果是_____。

```
d1={'a':1,'b':2};d2=dict(d1);d1['a']=6
sum=d1['a']+d2['a']
print(sum)
```

（10）下面 Python 语句的输出结果是_____。

```
d1={'a':1,'b':2};d2=d1;d1['a']=6
sum=d1['a']+d2['a']
print(sum)
```

（11）下面 Python 语句的输出结果是_____。

```
d={1:'a',2:'b',3:'c'}
del d[1];d[1]='x';del d[2];
print(d)
```

（12）Python 语句 print(set([1,2,1,2,3]))的结果是_____。
（13）Python 语句 print(len({}))的结果是_____。
（14）下面 Python 语句的输出结果是_____。

```
d={1:'x',2:'y',3:'z'};
del d[1];del d[2];d[1]='A';
print(len(d))
```

(15) 下面 Python 语句的输出结果是_____。

```
fruits={'apple':3,'banana':4,'pear':5};
fruits['banana']=7;
print(sum(fruits.values()))
```

2. 选择题

(1) 代码 L=[1,23,"runoob",1]输出的数据类型是(　　　)。

  A. List   B. Dictionary   C. Tuple   D. Array

(2) 代码 a=[1,2,3,4,5],以下输出结果正确的是(　　　)。

  A. print(a[:])=>[1,2,3,4]   B. print(a[0:])=>[2,3,4,5]

  C. print(a[:100])=>[1,2,3,4,5]   D. print(a[−1:])=>[1,2]

(3) Python 中,以下代码是正确的列表的是(　　　)。

  A. sampleList={1,2,3,4,5}   B. sampleList=(1,2,3,4,5)

  C. sampleList=/1,2,3,4,5/   D. sampleList=[1,2,3,4,5]

(4) Python 中,以下代码是正确的元组的是(　　　)。

  A. sampleTuple={1,2,3,4,5}   B. sampleTuple=(1,2,3,4,5)

  C. sampleTuple=/1,2,3,4,5/   D. sampleTuple=[1,2,3,4,5]

(5) Python 中,以下代码是正确的字典的是(　　　)。

  A. myExample={'someitem'=>2,'otheritem'=>20}

  B. myExample={'someitem':2,'otheritem':20}

  C. myExample=('someitem'=>2,'otheritem'=>20)

  D. myExample=('someitem':2,'otheritem':20)

(6)
```
a=[1,2,3,None,(),[]]
print(len(a))
```

以上代码输出的结果是(　　　)。

  A. syntax error B. 4   C. 5   D. 6

(7) 以下代码代表 Python 中输出列表中的第二个元素的是(　　　)。

  A. print(example[2])   B. echo(example[2])

  C. print(example[1])   D. print(example(2))

(8) 下列说法错误的是(　　　)。

  A. 除字典类型外,所有标准对象均可以用于布尔测试

  B. 空字符串的布尔值是 False

  C. 空列表对象的布尔值是 False

  D. 值为 0 的任何数字对象的布尔值都是 False

(9) 以下不能创建一个字典的语句是(　　　)。

  A. dict1={}   B. dict2={3:5}

  C. dict3=dict([2,3],[4,5])   D. dict4=dict(([2,3],[4,5]))

(10) 以下不能创建一个集合的语句是(　　　)。

  A. s1=set()   B. s2=set("abc")

  C. s3=(1,2,3,4)   D. s4=frozenset((1,2,3))

(11) 下列不是 Python 元组的定义方式的是(　　　)。

    A. (1)　　　　　　B. (1,)　　　　　　C. (1,2)　　　　　　D. (1,2,(3,4))

(12) 下面代码运行后,关于 a、b、c、d 四个变量的值,描述错误的是(　　　)。

```
import copy
a=[1,2,3,4,['a','b']]
b=a
c=copy.copy(a)
d=copy.deepcopy(a)
a.append(5)
a[4].append('c')
```

    A. a==[1,2,3,4,['a','b','c'],5]　　　　B. b==[1,2,3,4,['a','b','c'],5]

    C. c==[1,2,3,4,['a','b','c']]　　　　　D. d==[1,2,3,4,['a','b','c']]

(13) 关于 Python 序列类型的通用操作符和函数,以下选项中描述错误的是(　　　)。

    A. 如果 x 不是 s 的元素,x not in s 返回 True

    B. 如果 s 是一个序列,s=[1,"kate",True],s[3]返回 True

    C. 如果 s 是一个序列,s=[1,"kate",True],s[−1]返回 True

    D. 如果 x 是 s 的元素,x in s 返回 True

(14) 以下程序的输出结果是(提示:ord('a')==97)(　　　)。

```
lista=[1,2,3,4,5,'a','b','c','d','e']
print lista[2]+lista[5]
```

    A. 100　　　　　　B. 'd'　　　　　　C. d　　　　　　　　D. TypeEror

(15) 关于 list 和 string 下列说法错误的是(　　　)。

    A. list 可以存放任意类型

    B. list 是一个有序集合,没有固定大小

    C. 用于统计 string 中字符串长度的函数是 string.len()

    D. string 具有不可变性,其创建后值不能改变

3. 程序题

(1) 将列表 L1=[11,12,13,14,15],L2=[16,17,18,19,20]进行合并,并将合并后的新列表转换成元组按逆序输出。

(2) 将元组 T1=('a','b','c','d','e'),T2=(f,g,h,i,j,k)进行合并,并将合并后的新元组转换成列表按逆序输出。

第 4 章　程序控制结构

程序流程的控制是通过有效的控制结构来实现的,结构化程序设计有 3 种基本控制结构:顺序结构、选择结构和循环结构。由这 3 种基本结构还可以派生出多分支结构,即根据给定条件从多个分支路径中选择执行其中的一个。

4.1　顺序控制语句

程序中的语句按位置的先后顺序执行,这种结构称为顺序结构。如图 4.1 所示,先执行语句 1,再执行语句 2,最后执行语句 3,三者是顺序执行的关系。

图 4.1　顺序结构流程

4.2　if 选择语句

选择结构即根据所选择条件是否为真(即判断条件成立),做出不同的选择,从各个可能的不同操作分支中选择一个,且只能选一个分支执行。此时需要对某个条件做出判断,根据这个条件的具体取值情况,决定执行哪个分支操作。

Python 中的选择结构分为单分支结构(if 语句)、双分支结构(if...else 语句)、多分支结构(if...elif...else 语句)。

4.2.1　单分支结构

if 语句用于检测表达式是否成立,如果成立则执行 if 语句内的语句,否则不执行 if 语句,其流程图如图 4.2 所示。

if 语句单分支结构的语法格式如下:

```
if(条件表达式):
    语句
```

其中:

(1) 条件表达式可以是关系表达式、逻辑表达式、算术表达式等。

(2) 语句可以是单个语句,也可以是多个语句。多个语句的缩

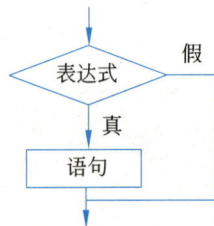

图 4.2　if 语句流程

进必须一致。

【例 4.1】　输入两个变量 a 和 b,比较两者大小,并按从大到小的顺序输出。

打开 Python 编辑器,输入如下代码,保存为 4.1.py,并调试运行。

```
a=int(input("请输入第 1 个数:"))
b=int(input("请输入第 2 个数:"))
print("输入值为:",a,b)
if(a<b):
    t=a
    a=b
    b=t
print("降序值为:",a,b)
```

运行结果为

```
请输入第 1 个数:12
请输入第 2 个数:52
输入值为: 12 52
降序值为: 52 12
```

注:可将"t=a,a=b,b=t"写成"a,b=b,a"

4.2.2　双分支结构

if...else 语句检测表达式的值是否成立,如果成立则执行 if 语句内的语句 1,否则执行 else 后的语句 2,其流程图如图 4.3 所示。

if...else 语句双分支结构的语法格式如下:

```
if(条件表达式):
   语句 1
else:
   语句 2
```

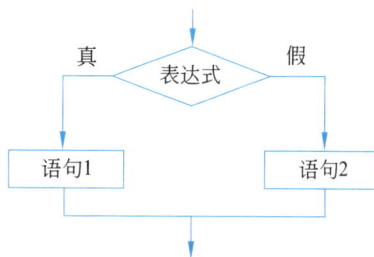

图 4.3　if...else 语句流程图

【例 4.2】　判断某一年是否为闰年,若是则输出"是闰年",否则输出"不是闰年"。判断闰年的条件是能被 4 整除,但不能被 100 整除,或能被 400 整除。

打开 Python 编辑器,输入如下代码,保存为 4.2.py,并调试运行。

```
a=int(input("请输入年份:"))
if(a%4==0 and a%100!=0 or a%400==0):
    print("%d 是闰年"%(a))
else:
    print("%d 不是闰年"%(a))
```

运行结果为

```
请输入年份:2019
2019 不是闰年
```

4.2.3 多分支结构

当程序设计中需要检查多个条件时,可以使用 if...elif...else 语句实现,其流程图如图 4.4 所示。

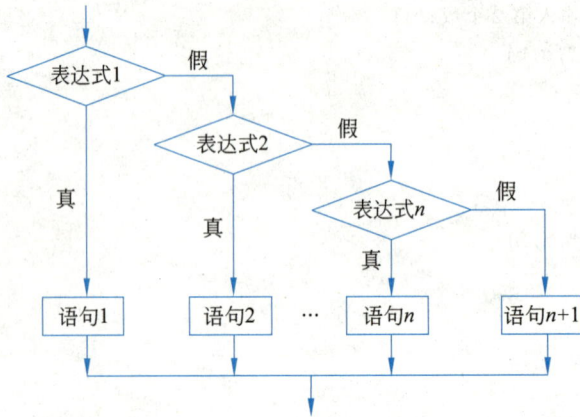

图 4.4 if...elif...else 语句流程图

if...elif...else 语句多分支结构的语法格式如下:

```
if(条件表达式 1):
  语句 1
elif(条件表达式 2):
  语句 2
  ⋮
elif(条件表达式 n):
  语句 n
else:
  语句 n+1
```

【例 4.3】 某商场开展购物打折活动,若购物款 x 在以下范围内,则所付款 y 按对应折扣支付。

$$y = \begin{cases} x & (x < 100) \\ 0.9x & (100 \leqslant x < 300) \\ 0.8x & (300 \leqslant x < 500) \\ 0.7x & (x \geqslant 500) \end{cases}$$

打开 Python 编辑器,输入如下代码,保存为 4.3.py,并调试运行。

```
x=float(input("请输入购物款:"))
if(x<100):
    y=x
elif(100<=x<300):
    y=0.9*x
elif(300<=x<500):
    y=0.8*x
else:
```

```
    y=0.7 * x
print("实际付款:%f"%y)
```

运行结果为

```
请输入购物款:252.3
实际付款:227.070000
```

【例 4.4】 比较两个数的大小关系。

打开 Python 编辑器,输入如下代码,保存为 4.4.py,并调试运行。

```
i=10
j=15
if i>j:
    print("%d 大于%d"%(i,j))
elif i==j:
    print("%d 等于%d"%(i,j))
elif i<j:
    print("%d 小于%d"%(i,j))
else:
    print("未知")
```

运行结果为

```
10 小于 15
```

4.2.4 if 语句的嵌套

在 if 语句中又包含一个或多个 if 语句的结构称为 if 语句的嵌套。一般形式如下。

```
if(条件表达式 1):
    if(条件表达式 11):        ⎫
    语句 1                    ⎬  内嵌 if
    else:                     ⎪
    语句 2                    ⎭
else:
    if(条件表达式 21):        ⎫
    语句 3                    ⎬  内嵌 if
    else:                     ⎪
    语句 4                    ⎭
```

【例 4.5】 输入一个数,并判断它是正数、负数或零。

打开 Python 编辑器,输入如下代码,保存为 4.5.py,并调试运行。

```
num=float(input("请输入一个数字:"))
if(num>=0):
    if(num==0):
        print("这个数是零")
    else:
        print("这个数是正数")
```

```
else:
    print("这个数是负数")
```

运行结果为

```
请输入一个数字:-25
这个数是负数
```

【例 4.6】 请输入星期几的第一个字母来判断是星期几,如果第一个字母一样,则通过第二个字母进行判断。

打开 Python 编辑器,输入如下代码,保存为 4.6.py,并调试运行。

```
letter=input("请输入字母:")
if letter=="s":
    letter=input("请输入第二个字母:")
    if letter=="a":
        print("星期六")
    elif letter=="u":
        print("星期日")
    else:
        print("错误")
elif letter=="f":
    print("星期五")
elif letter=="m":
    print("星期一")
elif letter=="t":
    letter=input("请输入第二个字母:")
    if letter=="u":
        print("星期二")
    elif letter=="h":
        print("星期四")
    else:
        print("错误")
elif letter=="w":
    print("星期三")
else:
    print("错误")
```

运行结果为

```
请输入字母:s
请输入第二个字母:a
星期六
```

4.3 循环语句

循环结构表示在执行语句时,需要对其中的某个或某部分语句重复执行多次。在 Python 程序设计语言中主要有两种循环结构:while 循环和 for 循环。通过这两种循环结构可以提高编程效率。

4.3.1　while 循环

while 循环是 Python 语言中最常用的迭代结构。while 循环是一个预测试的循环,在循环开始前,并不知道重复执行循环语句的次数。while 循环按照不同条件执行循环语句零次或多次。while 循环格式如下。

```
while(条件表达式):
    循环体语句
```

while 循环的执行流程如图 4.5 所示。

说明:

(1) while 循环的执行过程如下。

① 计算条件表达式。

② 如果条件表达式结果为真(True),控制将转到循环语句,即进入循环体。当到达循环语句序列的结束点时,转到 while 语句的开始,继续循环。

③ 如果条件表达式结果为假(False),退出 while 循环,即转到 while 循环语句的后继语句。

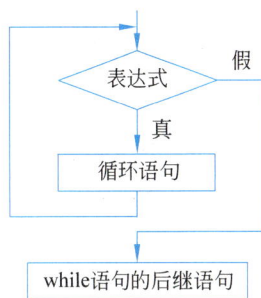

图 4.5　while 循环的执行流程

(2) 条件表达式是每次进入循环之前进行判断的条件,可以为关系表达式或逻辑表达式,其运算结果为真(True)或假(False)。条件表达式中必须包含控制循环的变量。

(3) 循环语句序列可以是一条语句,也可以是多条语句。

(4) 循环语句序列中应包含改变循环条件的语句,以使循环趋于结束,避免"死循环"。

【例 4.7】　利用 while 循环计算 $1+2+\cdots+100$ 的和。

打开 Python 编辑器,输入如下代码,保存为 4.7.py,并调试运行。

```
sum=0
i=1
while(i<=100):
    sum+=i
    i+=1
print("1+2+...+100=%d"%sum)
```

运行结果为

```
1+2+...+100=5050
```

【例 4.8】　利用 while 循环输出斐波那契数列的前 20 项。斐波那契数列为 0、1、1、2、3、5、8、13、21…从第三个元素开始,它的值等于前面两个元素的和。

打开 Python 编辑器,输入如下代码,保存为 4.8.py,并调试运行。

```
a,b=0,1
i=1
print(a,end=' ')
while(i<20):
```

```
        print(b,end=' ')
        a,b=b,a+b
        i+=1
```

运行结果为

```
0 1 1 2 3 5 8 13 21 34 55 89 144 233 377 610 987 1597 2584 4181
```

【例 4.9】 用以下近似公式求自然对数的底数 e 的值,直到最后一项的绝对值小于 10^{-6} 为止。

$$e \approx 1 + \frac{1}{1!} + \frac{1}{2!} + \cdots + \frac{1}{n!}$$

打开 Python 编辑器,输入如下代码,保存为 4.9.py,并调试运行。

```
i,e,t=1,1,1
while(1/t>=pow(10,-6)):
    t*=i
    e+=1/t
    i+=1
e=2.7182818011463845
```

【例 4.10】 输入一行字符,分别统计英文字母、空格、数字和其他字符的个数。

打开 Python 编辑器,输入如下代码,保存为 4.10.py,并调试运行。

```
import string                      #引入 string 模块,即可调用字符串相关函数
s=input("请输入一个字符串:")
letters=0
space=0
digit=0
others=0
i=0
while(i<len(s)):
    c=s[i]
    i+=1
    if c.isalpha():                #isalpha()用于判断是否为英文字母
        letters+=1
    elif c.isspace():              #isspace()用于判断是否为空格
        space+=1
    elif c.isdigit():              #isdigit()用于判断是否为数字
        digit+=1
    else:
        others+=1
print("英文字母:%d个,空格:%d个,数字:%d个,其他字符:%d个"%(letters,space,digit,
others))
```

运行结果为

```
请输入一个字符串:45se r,d5d~   s58 *
英文字母:6个,空格:4个,数字:5个,其他字符:3个
```

4.3.2 for 循环

while 循环可以用来在任何条件为真的情况下重复执行一个代码块。但是在对字符串、列表、元组等可迭代对象进行遍历操作时，while 循环则难以实现遍历的目的，这时可以使用 for 循环来实现。

在 Python 语言中，for 循环首先定义一个赋值目标以及想要遍历的对象，然后缩进定义想要操作的语句。for 循环格式如下。

```
for 变量 in 集合:
    循环体语句
    ...
```

for 循环执行过程是：每次从集合（集合可以是元组、列表、字典等）中取出一个值，并把该值赋给迭代变量，接着执行循环体语句，直到整个集合完成（到尾部）。

for 循环经常与 range() 函数联合使用，以遍历一个数字序列。

range() 函数可以创建一系列连续增加的整数。其语法格式为

```
range(start,stop[,step])
```

range() 返回的数值系列从 start 开始，到 stop 结束（不包含 stop）。如果指定了可选的步长（step），则序列按步长增长。

【例 4.11】 利用 for 循环求 1～100 中所有奇数的和以及所有偶数的和。

打开 Python 编辑器，输入如下代码，保存为 4.11.py，并调试运行。

```
sum_odd,sum_even=0,0
for i in range(1,101):
    if i%2==0:
        sum_even+=i
    else:
        sum_odd+=i
print("1~100 中所有奇数的和是",sum_odd)
print("1~100 中所有偶数的和是",sum_even)
```

运行结果为

```
1~100 中所有奇数的和是 2500
1~100 中所有偶数的和是 2550
```

【例 4.12】 已知 Python 列表 a=[152,25,85,65,451,15,12]，编写程序将 a 列表中的元素逆向排序输出。

打开 Python 编辑器，输入如下代码，保存为 4.12.py，并调试运行。

```
a=[152,25,85,65,451,15,12]
n=len(a)
print("列表 a:",a)
for i in range(0,int(len(a)/2)):
    a[i],a[n-i-1]=a[n-i-1],a[i]
print("列表 a 逆向排序后:",a)
```

运行结果为

```
列表 a：[152, 25, 85, 65, 451, 15, 12]
列表 a 逆向排序后：[12, 15, 451, 65, 85, 25, 152]
```

【例 4.13】 打印出所有的"水仙花数"。所谓"水仙花数"是指一个三位数，其各位数字立方和等于该数本身。如 153 就是一个"水仙花数"，因为 $153=1^3+5^3+3^3$。

分析：利用 for 循环控制 100～999 个数，每个数分解出个位、十位、百位。

打开 Python 编辑器，输入如下代码，保存为 4.13.py，并调试运行。

```python
for n in range(100,1000):
    i=n//100
    j=n//10%10
    k=n%10
    if n==i**3+j**3+k**3:
        print(n,",",end=' ')
```

运行结果为

```
153 , 370 , 371 , 407 ,
```

4.3.3　循环的嵌套

在一个循环体内又包含另一个完整的循环结构，称为循环的嵌套，这种语句结构称为多重循环结构。内层循环中还可以包含新的循环，形成多层循环结构。

在多层循环结构中，两种循环语句（while 循环、for 循环）可以相互嵌套。多重循环的循环次数等于每一重循环次数的乘积。

【例 4.14】 利用循环嵌套打印九九乘法表。

打开 Python 编辑器，输入如下代码，保存为 4.14.py，并调试运行。

```python
for i in range(1,10):                          #控制输出行数
    for j in range(1,i+1):                     #控制每行输出的个数
        print("%d*%d=%d"%(i,j,i*j),end='  ')   #end=' '表示以空格为分隔符
    print()
```

运行结果为

```
1 * 1=1
2 * 1=2   2 * 2=4
3 * 1=3   3 * 2=6   3 * 3=9
4 * 1=4   4 * 2=8   4 * 3=12   4 * 4=16
5 * 1=5   5 * 2=10   5 * 3=15   5 * 4=20   5 * 5=25
6 * 1=6   6 * 2=12   6 * 3=18   6 * 4=24   6 * 5=30   6 * 6=36
7 * 1=7   7 * 2=14   7 * 3=21   7 * 4=28   7 * 5=35   7 * 6=42   7 * 7=49
8 * 1=8   8 * 2=16   8 * 3=24   8 * 4=32   8 * 5=40   8 * 6=48   8 * 7=56   8 * 8=64
9 * 1=9   9 * 2=18   9 * 3=27   9 * 4=36   9 * 5=45   9 * 6=54   9 * 7=63   9 * 8=72   9 * 9=81
```

【例 4.15】 1、2、3、4 四个数字可以组成多少个互不相同且无重复数字的三位数？各是多少？

　　分析：可填在百位、十位、个位的数字都是 1、2、3、4，组成所有的排列后再去判断是不是满足条件。

　　打开 Python 编辑器，输入如下代码，保存为 4.15.py，并调试运行。

```
x=0                                          #控制一行显示的数值个数
for i in range(1,5):
    for j in range(1,5):
        for k in range(1,5):
            if(i!=k) and (i!=j) and (j!=k):  #判断三个数是否相同
                print(i,j,k,",",end='')
                x+=1
                if (x%6==0):                 #控制每行显示六个数
                    print()
```

运行结果为

```
1 2 3,1 2 4,1 3 2,1 3 4,1 4 2,1 4 3,
2 1 3,2 1 4,2 3 1,2 3 4,2 4 1,2 4 3,
3 1 2,3 1 4,3 2 1,3 2 4,3 4 1,3 4 2,
4 1 2,4 1 3,4 2 1,4 2 3,4 3 1,4 3 2,
```

【例 4.16】　打印如下菱形图案。

```
            *
          * * *
        * * * * *
      * * * * * * *
        * * * * *
          * * *
            *
```

打开 Python 编辑器，输入如下代码，保存为 4.16.py，并调试运行。

```
for i in range(4):                           #控制前四行
    for j in range(2-i+1):                   #控制每行输出的空格数
        print(' ',end='')
    for k in range(2*i+1):                   #控制输出的 * 的个数
        print('*',end='')
    print()                                  #换行
for i in range(3):                           #控制后三行
    for j in range(i+1):
        print(' ',end='')
    for k in range(4-2*i+1):
        print('*',end='')
    print()
```

【例 4.17】　求一个 3 * 3 矩阵主对角线元素之和。
打开 Python 编辑器，输入如下代码，保存为 4.17.py，并调试运行。

```
a=[]
```

```
sum=0.0
for i in range(3):
    a.append([])
    for j in range(3):
        a[i].append(float(input("请输入数:")))
for i in range(3):
    sum+=a[i][i]
print("主对角线之和为",sum)
```

运行结果为

```
请输入数:78
请输入数:34
请输入数:23
请输入数:34
请输入数:56
请输入数:33
请输入数:12
请输入数:21
请输入数:2
主对角线之和为 136.0
```

4.3.4　break 语句

　　一般而言循环会在执行到条件为假时自动退出,但是在实际的编程过程中,有时需要中途退出循环操作。Python 语言中主要提供了两种中途跳出的方法：break 语句和 continue 语句。

　　break 语句的作用是跳出整个循环,其后的代码都不会被执行。使用 break 语句可以避免循环嵌套从而形成死循环,同时 break 语句也被广泛应用于对目标元素的查找操作,一旦找到目标元素便终止循环。

　　【例 4.18】　输入一个 5 位数,判断它是不是回文数。如 12321 是回文数,个位与万位相同,十位与千位相同。

　　打开 Python 编辑器,输入如下代码,保存为 4.18.py,并调试运行。

```
a=input("请输入一个 5 位的数字:")
flag=True
for i in range(len(a)//2):
    if a[i]!=a[-i-1]:
        flag=False
        break
if flag:
    print("%s 是一个回文数。"%a)
else:
    print("%s 不是一个回文数。"%a)
```

运行结果为

请输入一个 5 位的数字：12321

12321 是一个回文数。

【例 4.19】　现有一堆桃子，五只猴子来分。第一只猴子把这堆桃子平均分为五份，多了一个，这只猴子把多的一个扔掉后，拿走了一份。第二只猴子把剩下的桃子又平均分成五份，又多一个，它同样把多的一个扔掉后，拿走一份。第三、第四、第五只猴子都是这样做的。请问原来最少有多少个桃子？

打开 Python 编辑器，输入如下代码，保存为 4.19.py，并调试运行。

```python
i=0
j=1
x=0
while(i<5):
    x=4*j
    for i in range(0,5):
        if (x%4!=0):
            break
        else:
            i+=1
        x=int((x/4)*5+1)
    j+=1
print (x)
```

运行结果为

```
3121.0
```

4.3.5　continue 语句

continue 语句的作用是立即结束本次循环，重新开始下一轮循环，也就是说，跳过循环体中在 continue 语句之后的所有语句，继续下一轮循环。

continue 语句与 break 语句的区别在于：continue 语句仅结束本次循环，并返回到循环的起始处，如果循环条件满足就开始执行下一次循环；而 break 语句则是结束循环，跳转执行循环的后继语句。

与 break 语句类似，当多个 for 循环、while 循环彼此嵌套时，continue 语句只应用于最里层的语句。

【例 4.20】　要求输入若干学生成绩（按 Q 或 q 结束），如果成绩小于 0，则重新输入。统计学生人数和平均成绩。

打开 Python 编辑器，输入如下代码，保存为 4.20.py，并调试运行。

```python
num=0
scores=0
while True:
    s=input("请输入学生成绩:")
    if s.upper()=='Q':
        break
```

```
    if float(s)<0:
        continue
    num+=1
    scores+=float(s)
print("学生人数为:{0},平均成绩为:{1}".format(num,scores/num))
```

运行结果为

```
请输入学生成绩:52
请输入学生成绩:85
请输入学生成绩:95
请输入学生成绩:-10
请输入学生成绩:40
请输入学生成绩:q
学生人数为:4,平均成绩为:68.0
```

【例 4.21】 输出 200～300 之间不能被 4 整除的数。要求每一行输出 10 个数。打开 Python 编辑器,输入如下代码,保存为 4.21.py,并调试运行。

```
i=0                                         #控制一行显示的数值个数
print("200~300 之间不能被 4 整除的数是:")
for j in range(200,300+1):
    if(j%4==0):
        continue
    print(j,end=' ')
    i+=1
    if(i%10==0):
        print()
```

运行结果为

```
200~300 之间不能被 4 整除的数是:
201 202 203 205 206 207 209 210 211 213
214 215 217 218 219 221 222 223 225 226
227 229 230 231 233 234 235 237 238 239
241 242 243 245 246 247 249 250 251 253
254 255 257 258 259 261 262 263 265 266
267 269 270 271 273 274 275 277 278 279
281 282 283 285 286 287 289 290 291 293
294 295 297 298 299
```

4.4　异常处理

　　异常是一个事件,该事件会在程序执行过程中发生,影响程序的正常执行。一般情况下,在 Python 无法正常处理程序时就会发生一个异常。异常是 Python 对象,表示一个错误。当 Python 脚本发生异常时需要捕获处理它,否则程序会终止执行。

　　捕捉异常可以使用 try...except 语句,该语句用来检测 try 语句块中的错误,从而让 except 语句捕获异常信息并处理。如果不想在异常发生时结束程序,只需在 try 里捕获它。

其语法格式如下。

```
try:
    <try 语句>
except [<异常处理类>,<异常处理类>,…] as <异常处理对象>:
    <异常处理语句>
else:
    <无异常处理语句>
finally:
    <最后执行的语句>
```

try 的工作原理是,当开始一个 try 语句后,Python 就在当前程序的上下文作标记,这样当异常出现时就可以回到这里,try 子句先执行,接下来会发生什么则依赖于执行时是否出现异常。有以下三种情况。

(1) 如果当 try 后的语句执行时发生异常,Python 就跳回到 try 并执行第一个匹配该异常的 except 子句,异常处理完毕,控制流通过整个 try 语句(除非在处理异常时又引发新的异常)。

(2) 如果在 try 后的语句里发生了异常,却没有匹配的 except 子句,异常将被递交到上层的 try,或者回到程序的最上层(此时会结束程序,并打印缺省的出错信息)。

(3) 如果在 try 语句执行时没有发生异常,Python 将执行 else 语句后的语句(如果有 else),然后控制流通过整个 try 语句。

【例 4.22】　当发生除 0 错误时进行异常处理的情况。

打开 Python 编辑器,输入如下代码,保存为 4.22.py,并调试运行。

```
try:
    i=10
    print(30/(i-10))
except Exception as e:
    print(e)
finally:
    print("执行完成。")
```

运行结果为

```
division by zero
执行完成。
```

【例 4.23】　当成绩为负数时进行异常处理的情况。

打开 Python 编辑器,输入如下代码,保存为 4.23.py,并调试运行。

```
try:
    data=(44,65,70,85,90)
    sum=0
    for i in data:
        if i<0:raise ValueError(str(i))
        sum+=i
    print("平均值=",sum/len(data))
```

```
except Exception as e:
    print("数值不能为负。")
```

运行结果为

数值不能为负。

4.5 Python 实现常用算法程序

4.5.1 解析算法

解析算法(analysis algorithm)是指用解析的方法找出表示问题的前提条件与结果之间关系的数学表达式,并通过表达式的计算求解。

【例 4.24】 编写程序完成计算 $1+\dfrac{1}{4!}+\dfrac{1}{7!}+\dfrac{1}{10!}$ 的值。

打开 Python 编辑器,输入如下代码,保存为 4.24.py,并调试运行。

```
sum=0
for i in range(1,11,3):                      #循环遍历算式中的分母
    t=1
    for j in range(1,i+1):                   #循环遍历算式中各分母的阶乘
        t=t*j
    sum=sum+1/t                              #对算式中各分式求值且对各分式的值进行相加
print("1+1/4!+1/7!+1/10!:",sum)
```

运行结果为

```
1+1/4!+1/7!+1/10!: 1.0418653549382717
```

【例 4.25】 角谷猜想是指对任意一个大于 1 的正整数进行如下运算:若 n 是奇数时,n 的值替换为 $3n+1$;若 n 是偶数时,n 的值替换为 $n/2$;重复以上运算,n 最终变为 1。编写程序输出验证过程。

打开 Python 编辑器,输入如下代码,保存为 4.25.py,并调试运行。

```
n=int(input("请输入一个大于 1 的正整数:"))    #将输入的数转换成整型数
sum=0
i=1
while n>1:                                    #n 的值大于 1 进行循环
    if n%2!=0:                                #判断 n 的值是否为奇数
        n=3*n+1                               #更新 n 的值
        print("第{}步,相应值{}".format(i,n))   #输出第几步及对应 n 的值
        i=i+1                                 #步数累计
    if n%2!=1:                                #判断 n 的值是否为偶数
        n=n//2                                #更新 n 的值
        print("第{}步,相应值{}".format(i,n))   #输出第几步及对应 n 的值
        i=i+1                                 #步数累计
```

运行结果为

请输入一个大于 1 的正整数:12
第 1 步,相应值 6
第 2 步,相应值 3
第 3 步,相应值 10
第 4 步,相应值 5
第 5 步,相应值 16
第 6 步,相应值 8
第 7 步,相应值 4
第 8 步,相应值 2
第 9 步,相应值 1

4.5.2　枚举算法

枚举也称作穷举,是指从问题所有可能的解的集合中一一枚举各元素。

【例 4.26】　编写程序输出所有的玫瑰花数。玫瑰花数是指一个 4 位整数,其各位数字的 4 次方和恰好等于该数本身,如 1634 是一个玫瑰花数,$1634 = 1^4 + 6^4 + 3^4 + 4^4$。

打开 Python 编辑器,输入如下代码,保存为 4.26.py,并调试运行。

```
n=0
for i in range(1000,10000):          #循环遍历 1000~9999 的 4 位数
    a=i//1000                        #取千位数
    b=i//100%10                      #取百位数
    c=i%1000%100//10                 #取十位数
    d=i%1000%100%10                  #取个位数
    if (a**4+b**4+c**4+d**4)==i:      #判断各位数的 4 次方和是否等于遍历的数
        n=n+1
        print("第{}个数是:{}".format(n,i))
print("玫瑰花数的总个数为:{}".format(n))
```

运行结果为

第 1 个数是:1634
第 2 个数是:8208
第 3 个数是:9474
玫瑰花数的总个数为:3

【例 4.27】　编写程序输出 2~5 位数中的所有孔雀开屏数。如果一个 n 位整数 k 的各位数字之和的 n 次幂等于 k 本身,则这个数 k 称为孔雀开屏数。如 $512 = (5+1+2)^3$,512 就是一个 3 位的孔雀开屏数。

打开 Python 编辑器,输入如下代码,保存为 4.27.py,并调试运行。

```
n=0
for i in range(10,10001):            #循环遍历 10 到 10000
    l=len(str(i))                     #计算遍历的数是几位
    if l==2:                          #判断遍历的数是否为 2 位数
        a=i//10                       #取数的十位
        b=i%10                        #取数的个位
```

```
        if((a+b)**l)==i:                    #判断该数是否为孔雀开屏数
            n=n+1                           #统计孔雀开屏数
            print("第{}个数是:{}".format(n,i))  #输出遍历的数是第几个孔雀开屏数
    if l==3:                                #判断遍历的数是否为 3 位数
        a=i//100                            #取数的百位
        b=i%100//10                         #取数的十位
        c=i%10                              #取数的个位
        if((a+b+c)**l)==i:                  #判断该数是否为孔雀开屏数
            n=n+1                           #统计孔雀开屏数
            print("第{}个数是:{}".format(n,i))
    if l==4:                                #判断遍历的数是否为 4 位数
        a=i//1000                           #取数的千位
        b=i%1000//100                       #取数的百位
        c=i%1000%100//10                    #取数的十位
        d=i%10                              #取数的个位
        if((a+b+c+d)**l)==i:                #判断该数是否为孔雀开屏数
            n=n+1                           #统计孔雀开屏数
            print("第{}个数是:{}".format(n,i))  #输出遍历的数是第几个孔雀开屏数
    if l==5:                                #判断遍历的数是否为 5 位数
        a=i//10000                          #取数的万位
        b=i%10000//1000                     #取数的千位
        c=i%10000%1000//100                 #取数的百位
        d=i%10000%1000//100//10             #取数的十位
        e=i%10                              #取数的个位
        if((a+b+c+d+e)**l)==i:              #判断该数是否为孔雀开屏数
            n=n+1                           #统计孔雀开屏数
            print("第{}个数是:{}".format(n,i))  #输出遍历的数是第几个孔雀开屏数
print("2~5 位数中的所有孔雀开屏数的总个数为:{}".format(n))   #输出孔雀开屏数的总数
```

运行结果为

```
第 1 个数是:81
第 2 个数是:512
第 3 个数是:2401
2~5 位数中的所有孔雀开屏数的总个数为:3
```

【例 4.28】 编写程序输出 100 以内的所有孪生素数。孪生素数是指两个相邻奇数且都是素数的数,如 3 和 5、11 和 13。它们是最近的素数,就像孪生兄弟一样。

打开 Python 编辑器,输入如下代码,保存为 4.28.py,并调试运行。

```
a=[]                                        #创建空列表
print("100 以内的孪生素数如下:")               #输出提示信息
for j in range(2,100):                      #循环遍历 100 以内的数
    flag=1                                  #设置变量 flag 值为 1
    if j%2!=0:                              #判断遍历的数是否为奇数
        for i in range(2,j):               #循环遍历 2 到外循环遍历的数
            if j%i==0:                      #循环遍历的数是否为素数
                flag=0                      #设置变量 flag 值为 0
```

```
            break                               #退出当前循环
        if flag==1:                             #判断变量 flag 的值是否为 1
            a.append(j)                         #将奇数且是素数存入列表
for k in range(1,len(a)):                       #循环遍历列表中的数
    if(a[k]-a[k-1]==2):                         #判断列表中相邻数是否为孪生素数
        print("{}和{}是孪生素数".format(a[k-1],a[k]))   #输出相邻的孪生素数
```

运行结果为

```
100 以内的孪生素数如下：
3 和 5 是孪生素数
5 和 7 是孪生素数
11 和 13 是孪生素数
17 和 19 是孪生素数
29 和 31 是孪生素数
41 和 43 是孪生素数
59 和 61 是孪生素数
71 和 73 是孪生素数
```

4.5.3　递推算法

递推算法是一种简单的算法，它通过已知条件，利用特定关系得出中间推论，然后通过中间推论继续推，直至得到结果。递推算法分为顺推法和逆推法两种。

顺推法是指从已知条件出发，逐步推算出要解决的问题的方法。

逆推法是指从已知问题的结果出发，用迭代表达式逐步推算出问题的开始条件的方法。逆推法即顺推法的逆过程。

【例 4.29】　从原点出发，一步只能向右走、向上走或向左走，恰好走 n 步且不经过已走的点共有多少种走法？（当 $n=1$ 时，有 3 种走法；当 $n=2$ 时，有 7 种走法）

打开 Python 编辑器，输入如下代码，保存为 4.29.py，并调试运行。

```
n=int(input("请输入走的步数:"))
if(n==1):
    fn=3                                        #当步数为 1 时,有 3 种走法
elif(n==2):
    fn=7                                        #当步数为 2 时,有 7 种走法
else:
    fn_1=7
    fn_2=3
    for i in range(3,n+1):                      #当步数大于等于 3 时,进行循环迭代
        fn=2*fn_1+fn_2                          #迭代公式
        fn_2=fn_1                               #更新 fn_2 的值
        fn_1=fn                                 #更新 fn_1 的值
print("一共有%d种走法!\n",fn)
```

运行结果为

```
请输入走的步数:4
一共有 41 种走法！
```

4.5.4 分治算法

分治算法的基本思想是将一个规模为 n 的问题分解为 k 个规模较小的子问题,这些子问题相互独立且与原问题性质相同,求出这些子问题的解,就可得到原问题的解。分治算法是一种分目标完成程序的算法。

【例 4.30】 判断输入的内容是否为回文数。

打开 Python 编辑器,输入如下代码,保存为 4.30.py,并调试运行。

```python
def isPal(s):
    if len(s) <=1:                              #判断输入的内容长度是否小于等于1
        return True                             #若长度小于等于1,则为回文数,返回 True
    else:
        return s[0]==s[-1] and isPal(s[1:-1])   #判断 s 中的首尾元素是否相等,同时截
                                                 取 s 中除了首尾元素外的内容,然后递
                                                 归调用
s =input("请输入内容:")
result=isPal(s)
print(result)
```

运行结果为

```
请输入内容:12321
True
```

4.5.5 冒泡排序算法

冒泡排序算法是指把较小的元素排在前面或者把较大的元素排在后面。这种方法主要是通过对相邻两个元素进行大小比较,根据比较结果和算法规则对两元素的位置进行交换,这样逐个依次进行比较和交换,从而达到排序的目的。

冒泡排序的基本思想是,首先将第 1 个和第 2 个元素进行大小比较,如果是逆序的,就将这两个元素进行交换,再对第 2 个和第 3 个元素进行比较,依次类推,直至完成第($n-1$)个和第 n 个元素之间的比较。此后,重复上述过程进行第 2 轮、第 3 轮的排序,直至整组数据排列完毕。

注意:当相邻两个元素大小一致时,这一步操作就不需要交换位置,因此也说明冒泡排序是一种比较严格的稳定排序算法,它不改变序列中相同元素之间的位置关系。

【例 4.31】 使用冒泡排序算法,将 13、6、7、8、2 按照从小到大的顺序排序。

根据冒泡排序算法的原理,结合图 4.6 将算法的排序过程描述如下。

打开 Python 编辑器,输入如下代码,保存为 4.31.py,并调试运行。

```python
L=[13,6,7,8,2]
j=1
while j<=len(L)-1:              #循环轮次
    i=len(L)-1
    k=0                         #统计每轮中比较的次数
    while i>=j:                 #循环每一轮中元素比较的次数
```

```
        if L[i]<L[i-1]:                          #判断相邻两个数的大小
            L[i],L[i-1]=L[i-1],L[i]              #元素对换
        i=i-1
        k=k+1
        print("第{}轮第{}次排序:{}".format(j,k,L))
    j=j+1
```

运行结果为

```
第 1 轮第 1 次排序:[13, 6, 7, 2, 8]
第 1 轮第 2 次排序:[13, 6, 2, 7, 8]
第 1 轮第 3 次排序:[13, 2, 6, 7, 8]
第 1 轮第 4 次排序:[2, 13, 6, 7, 8]
第 2 轮第 1 次排序:[2, 13, 6, 7, 8]
第 2 轮第 2 次排序:[2, 13, 6, 7, 8]
第 2 轮第 3 次排序:[2, 6, 13, 7, 8]
第 3 轮第 1 次排序:[2, 6, 13, 7, 8]
第 3 轮第 2 次排序:[2, 6, 7, 13, 8]
第 4 轮第 1 次排序:[2, 6, 7, 8, 13]
```

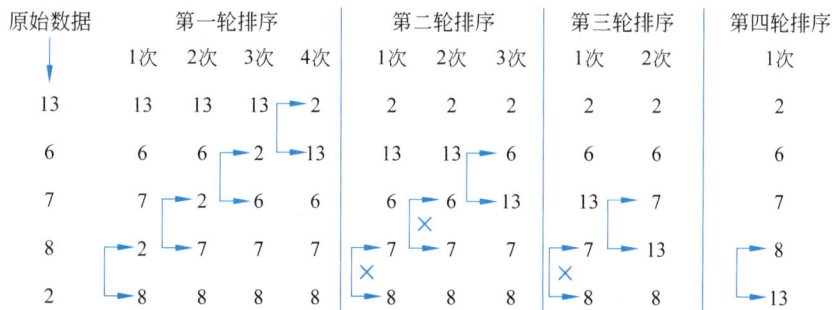

图 4.6　冒泡排序算法的工作过程

4.5.6　选择排序算法

选择排序算法是指先从序列未排序区域中选出一个最小的元素,把它与序列中的第 1 个元素交换位置;再从剩下的未排序区域中选出一个最小的元素,把它与序列中的第 2 个元素交换位置……,反复此操作,直到序列中的所有元素按升序排列为止。

【例 4.32】　使用选择排序算法,将 8、13、6、2、7 按照从小到大的顺序排序。

根据选择排序算法的原理,结合图 4.7 将算法的排序过程描述如下。

打开 Python 编辑器,输入如下代码,保存为 4.32.py,并调试运行。

```
L=[8,13,6,2,7]
j=0
k=len(L)-1
m=len(L)
while j<k:                                       #循环轮次
    p=j
    i=j+1
```

```
    while i<m:                          #循环每一轮中未排序区域元素的比较
        if L[i]<L[p]:                   #元素比较大小
            p=i                         #获得小元素的索引号
        i=i+1
    if p!=j:
        L[j],L[p]=L[p],L[j]
    print("第{}轮排序:{}".format(j+1,L))
    j=j+1
```

运行结果为

第 1 轮排序:[2, 13, 6, 8, 7]
第 2 轮排序:[2, 6, 13, 8, 7]
第 3 轮排序:[2, 6, 7, 8, 13]
第 4 轮排序:[2, 6, 7, 8, 13]

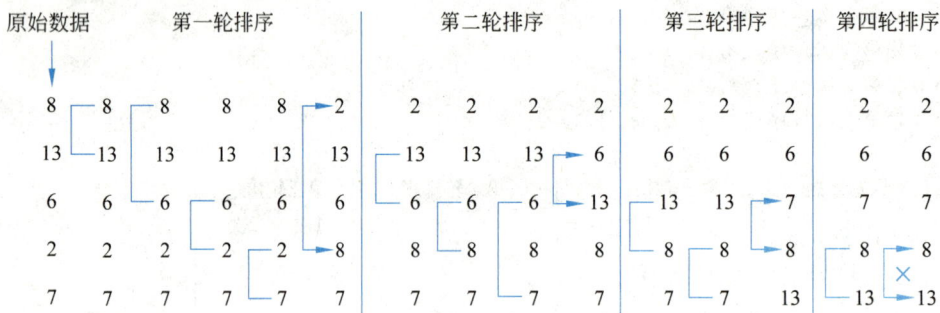

图 4.7　选择排序算法的工作过程

4.5.7　插入排序算法

插入排序算法是指将序列的第 1 个元素划分为已排序区域,其他元素划分为未排序区域;然后从未排序区域逐个取出元素,把它和已排序区域的元素逐一比较,将它放到大于它的元素之前,最终得到一个从小到大排列的有序序列。

【例 4.33】　使用插入排序算法,将 8、13、6、2、7 按照从小到大的顺序排序。

根据插入排序算法的原理,结合图 4.8 将算法的排序过程描述如下。

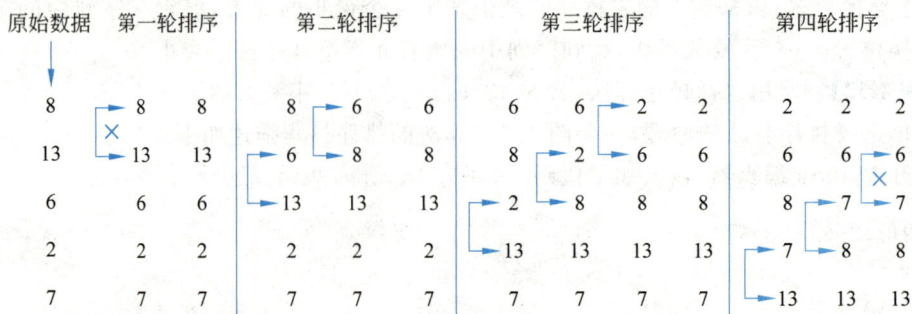

图 4.8　插入排序算法的工作过程

打开 Python 编辑器,输入如下代码,保存为 4.33.py,并调试运行。

```
L=[8,13,6,2,7]
j=1
m=len(L)
while j<m:                              #循环轮次
    i=j
    while i>0:                          #循环每一轮中元素的比较
        if L[i]<L[i-1]:                 #比较元素大小
            L[i],L[i-1]=L[i-1],L[i]     #元素交换位置
            i=i-1
        else:
            i=0
    print("第{}轮排序:{}".format(j,L))
    j=j+1
```

运行结果为

```
第 1 轮排序:[8, 13, 6, 2, 7]
第 2 轮排序:[6, 8, 13, 2, 7]
第 3 轮排序:[2, 6, 8, 13, 7]
第 4 轮排序:[2, 6, 7, 8, 13]
```

4.6 上机练习

(1) 输入三角形三条边的边长,判断是否能构成三角形,并计算其三角形面积。

三角形面积 $=\sqrt{p(p-a)(p-b)(p-c)}$,其中,a、b、c 是三角形三边的边长,p 是三角形周长的一半。

打开 Python 编辑器,输入如下代码,保存为 4.34.py,并调试运行。

```
import math
a=float(input("请输入三角形的边长 a:"))
b=float(input("请输入三角形的边长 b:"))
c=float(input("请输入三角形的边长 c:"))
p=(a+b+c)/2
area=math.sqrt(p * (p-a) * (p-b) * (p-c))
print(("三角形三边分别为:a={0},b={1},c={2}".format(area))
print(("三角形的面积={0}".format(area))
```

运行结果为

```
请输入三角形的边长 a:4
请输入三角形的边长 b:5
请输入三角形的边长 c:6
三角形三边分别为:a=4.0,b=5.0,c=6.0
三角形的面积=9.921567416492215
```

(2) 输入某门课程成绩,将其转换成五级制(优、良、中、及格、不及格)的评定等级。

说明:

90～100 分(含 90 分)为优秀;

80～89 分(含 80 分)为良好；

70～79 分(含 70 分)为中等；

60～69 分(含 60 分)为及格；

0～60 分(不包括 60 分)为不及格。

打开 Python 编辑器，输入如下代码，保存为 4.35.py，并调试运行。

```python
x=int(input("请输入成绩:"))
if(x>=0 and x<=100):
    if(x>=90):
        print("优秀")
    else:
        if(x>=80):
            print("良好")
        else:
            if(x>=70):
                print("中等")
            else:
                if(x>=60):
                    print("及格")
                else:
                    print("不及格")
else:
    print("输入成绩有误")
```

运行结果为

```
请输入成绩:75
中等
```

(3) 输入一个正整数判断是否为素数。

说明：只能被 1 和本身整除的正整数称为素数。为了判断一个数 n 是否为素数，可以将 n 被 2 到 $\sqrt{n}$ 间的所有整数除，如果都除不尽，则 n 就是素数，否则 n 是非素数。

打开 Python 编辑器，输入如下代码，保存为 4.36.py，并调试运行。

```python
import math
a=int(input("请输入一个正整数:"))
flag=0
for i in range(2,int(math.sqrt(a))+1):
    if a%i==0:
        break
    else:
        flag+=1
if flag==0:
    print("%a 不是素数。"%a)
else:
    print("%a 是素数。"%a)
```

运行结果为

请输入一个正整数：101

57 是素数。

（4）求解百马百担问题。有 100 匹马，驮 100 担货，大马驮 3 担，中马驮 2 担，两匹小马驮 1 担，求大、中、小马数分别为多少？有多少解决方案？

打开 Python 编辑器，输入如下代码，保存为 4.37.py，并调试运行。

```python
for large in range(34):
    for middle in range(51):
        small=2*(100-3*large-2*middle)
        if large+middle+small==100:
            print("大马有:%d, 中马有:%d,小马有:%d"%(large,middle,small))
```

运行结果为

大马有:2 匹,中马有:30 匹,小马有:68 匹
大马有:5 匹,中马有:25 匹,小马有:70 匹
大马有:8 匹,中马有:20 匹,小马有:72 匹
大马有:11 匹,中马有:15 匹,小马有:74 匹
大马有:14 匹,中马有:10 匹,小马有:76 匹
大马有:17 匹,中马有:5 匹,小马有:78 匹
大马有:20 匹,中马有:0 匹,小马有:80 匹

4.7　习题

1. 填空题

（1）Python 程序设计中常见的控制结构有_____、_____和_____。

（2）Python 程序设计中跳出循环的两种方式是_____和_____。

（3）_____语句是 else 语句和 if 语句的组合。

（4）在循环体中使用_____语句可以跳过本次循环后面的代码，重新开始下一次循环。

（5）Python 语句"x ＝ True；y ＝ False；z ＝ False；print（x or y and z）"的运行结果是_____。

（6）Python 语句"x＝0；y＝True；print（x＞＝y and 'A'＜'B'）"的运行结果是_____。

（7）判断变量 i 能否同时被 3 和 5 整除的 Python 表达式为_____。

（8）Python 无穷循环"while True："的循环体中可用_____语句退出循环。

（9）执行下列 Python 语句将产生的结果是_____。

```python
m=True;n=False;p=True
b1=m|n^p;b2=n|m^p
print(b1,b2)
```

（10）循环语句 for i in range（－3,21,4）的循环次数为_____。

（11）要使语句 for i in range（_____,－4,－2）循环执行 15 次，则循环变量 i 的初始值应当为_____。

（12）执行下面 Python 语句后的输出结果是_____，循环执行了_____次。

```
i=-1;
while(i<0):i*=i
print(i)
```

（13）下列 Python 语句的运行结果是_____。

```
for i in range(3):print(i,end=' ')
for i in range(2,5):print(i,end=' ')
```

（14）与 try 语句一起使用处理异常的关键字是_____。

（15）当用户输入 abc 时，下面代码的输出结果是_____。

```
try:
    n=0
    n=input("n=int(input(" "))")
def pow10(n):
    return n**10
except:
    print("程序执行错误")
```

2. 选择题

（1）下面 Python 循环体执行的次数与其他不同的是(   )。

```
A. i=0                          B. i=10
   while(i<=10):                   while(i>0):
       print(i)                        print(i)
       i=i+1                           i=i-1

C. for i in range(10):          D. for i in range(10,1,-1):
       print(i)                        print(i)
```

（2）执行下列 Python 语句将产生的结果是(   )。

```
x=2;y=2.0
if(x==y):
    print("Equal")
else:
    print("not Equal")
```

　　A. Equal　　　　　B. Not Equal　　　C. 编译错误　　　D. 运行时错误

（3）执行下列 Python 语句将产生的结果是(   )。

```
i=1
if(i):
    print(True)
else:
    print(False)
```

　　A. 输出 1　　　　B. 输出 True　　　C. 输出 False　　　D. 编译错误

（4）以下 for 语句结构中，不能完成 1～10 的累加功能的是(   )。

　　A. for i in range(10,0):sum+=i

B. for i in range(1,11):sum+=i

C. for i in range(10,0,-1):sum+=i

D. for i in (10,9,8,7,6,5,4,3,2,1):sum+=i

（5）下面程序段求两个数 x 和 y 中的较大数,不正确的是（　　）。

    A. maxnum=x if x>y else y　　　　　B. maxnum=math.max(x,y)

    C. if(x>y):maxnum=x　　　　　　　　D. if(y>=x):maxnum=y

        else:maxnum=y　　　　　　　　　　　　maxnum=x

（6）下面 if 语句统计"成绩(mark)优秀的男生以及不及格的男生"的人数,正确的语句为（　　）。

    A. if(gender=="男" and mark<60 or mark>=90):n+=1

    B. if(gender=="男" and mark<60 and mark>=90):n+=1

    C. if(gender=="男" and (mark<60 or mark>=90)):n+=1

    D. if(gender=="男" or mark<60 or mark>=90): n+=1

（7）用 if 语句表示如下分段函数:

$$y=\begin{cases}x^2-2x+3 & x<1\\ \sqrt{x-1} & x\geq1\end{cases}$$

下面程序段不正确的是（　　）。

    A. if(x<1):y=x*x-2*x+3　　　　　B. if(x<1):y=x*x-2*x+3

        else:y=math.sqrt(x-1)　　　　　　　 y=math.sqrt(x-1)

    C. y=x*x-2*x+3　　　　　　　　　D. if(x<1):y=x*x-2*x+3

        if(x>=1):y=math.sqrt(x-1)　　　　　 if(x>=1):y=math.sqrt(x-1)

（8）下面不属于条件分支语句的是（　　）。

    A. if 语句　　　　B. elif 语句　　　　C. else 语句　　　　D. while 语句

（9）下列程序运行后 sum 的值是（　　）。

```
i=1
sum=0
while i<11:
    sum+=i
    i+=1
```

    A. 10　　　　　　B. 11　　　　　　　C. 55　　　　　　　D. 100

（10）在循环体中使用（　　）语句可以跳出循环体。

    A. break　　　　B. continue　　　　C. while　　　　　D. for

（11）下列 Python 语句正确的是（　　）。

    A. min=x if x>y else y　　　　　　B. max=x>y?x:y

    C. if(x>y) print(x)　　　　　　　　D. while True:pass

（12）下列程序的输出结果是（　　）。

```
if None:
    print("Hello")
```

    A. False　　　　　B. Hello　　　　　C. 没有任何输出　　D. 语法错误

（13）以下关于"在 if...elif...else 的多个语句块中只会执行一个语句块"这句话判断正确的是（　　）。

    A. 正确   B. 错误

    C. 根据条件决定   D. Python 中没有 elif 语句

（14）以下代码输出结果为（　　）。

```python
for i in [1,0]:
    print(i+1)
```

    A. 2   B. [2,1]   C. 2   D. 0

     1

（15）Python 中，关于 for 和 while 是否可以有 else 语句的说法正确的是（　　）。

    A. 只有 for 才有 else 语句   B. 只有 while 才有 else 语句

    C. for 和 while 都可以有 else 语句   D. for 和 while 都没有 else 语句

（16）以下代码输出的结果是（　　）。

```python
i=sum=0
while i<=4:
    sum+=i
    i=i+1
print(sum)
```

    A. 0   B. 10   C. 4   D. 以上结果都不对

（17）以下代码输出的结果是（　　）。

```python
while 4==4:
    print('4')
```

    A. 输出一次 4   B. 输出四次 4

    C. 无限次输出 4，直到程序关闭   D. 语法错误

（18）"迭代输出序列时（如：列表）使用 for 比 while 更好"的说法正确的是（　　）。

    A. 错误，while 比 for 更好

    B. 正确

    C. 错误，while 不能用于迭代系列

    D. 错误，for 和 while 都不能用于迭代系列

（19）以下描述正确的是（　　）。

    A. break 语句用于终止当前循环

    B. continue 语句用于跳过当前剩余要执行的代码，执行下一次循环

    C. break 和 continue 语句通常与 if，if...else 和 if...elif...else 语句一起使用

    D. 以上说法都正确

（20）以下代码输出的结果是（　　）。

```python
for char in 'PYTHON STRING':
    if char==' ':
        break
    print(char,end=' ')
```

```
if char=='0':
    continue
```


A. P Y T H O N

B. PYTHONSTRING

C. PYTHN

D. STRING

3. 编程题

（1）一个数如果恰好等于它的因子之和，这个数就称为"完数"，例如 6 就是完数（6＝1＋2＋3）。编程找出 1000 以内的所有完数。

（2）一个球从 100 米高度自由落下，每次落地后反跳回原高度的一半再落下，求它在第 10 次落地时，共经过多少米？第 10 次反弹多高？

（3）猴子吃桃问题。猴子第一天摘下若干个桃子，吃了一半，还不够，又多吃了一个。第二天早上又将剩下的桃子吃掉一半，又多吃了一个。以后每天早上都吃了前一天剩下的一半加一个。到第 10 天只剩下一个桃子。求第一天猴子共摘了多少桃子。

（4）两个乒乓球队进行比赛，各出三人。甲队为 a、b、c，乙队为 x、y、z。已抽签决定比赛名单。有人向队员打听比赛的名单。a 说他不和 x 比，c 说他不和 x、z 比，请编程序找出三队赛手的名单。

（5）有 n 个人围成一圈顺序排号，然后从第一个人开始报数（从 1 到 3 报数），凡报到 3 的人退出圈子，问最后留下的是原来的第几号？

第5章　函数与模块

5.1　函数概述

在应用程序的编写中,有时遇到的问题比较复杂,往往需要把大的编程任务逐步细化,分成若干个功能模块,这些功能模块通过执行一系列的语句完成一个特定的操作过程,这就需要用到函数。函数可以将需要重复执行的语句块进行封装,实现代码重用。

函数(function)由若干条语句组成,用于实现特定的功能。函数包含函数名、若干参数和返回值。一旦定义了函数,就可以在程序中需要实现特定功能的位置调用该函数,从而简化程序设计,使程序的结构更加清晰,提高编程效率,方便程序员共享代码。在 Python 语言中,除了提供丰富的内置函数外,还允许用户创建和使用自定义函数。

5.2　函数的声明和调用

如果希望在 Python 中使用自定义函数,首先要声明一个函数。声明函数有两个含义:一是声明这个指定的部分是函数,而不是其他的对象;二是要定义这个函数包含的功能,也就是要编写这个函数的功能。

5.2.1　函数的声明

在 Python 中,定义一个函数的语法格式如下。

```
def functionName(par1,par2,...):
    indented block of statements
    return expression
```

在自定义函数时,需要遵循以下规则。

(1) 函数代码块以 def 关键字开头,后接函数名和圆。

(2) 圆括号里用于定义参数,即形式参数,简称形参。对于有多个参数的,参数之间用逗号隔开。

(3) 圆括号后边必须要加冒号。

(4) 在缩进块中编写函数体。

(5) 函数的返回值使用 return 语句。

定义一个空函数使用以下语句。

```
def nothing():
    pass
```

其中 pass 语句的作用是占位符,对于还不确定怎么写的函数,可以先写一个 pass,保证代码能运行。

【例 5.1】　定义一个函数 sum(),用于计算并输出两个参数之和。函数 sum()包含 num1 和 num2 两个参数。

打开 Python 编辑器,输入如下代码,保存为 5.1.py。

```
def sum(num1,num2):
    print(num1+num2)
```

【例 5.2】 采用函数的方式实现求解三角形面积的功能。

分析:可以自定义一个函数,函数名为 area()函数,该函数能根据三角形的三条边长计算出三角形的面积。函数的参数有 3 个,代表三条边长,分别用变量 x、y、z 表示;函数需要有返回值,可用 return 语句将面积的值返回。

打开 Python 编辑器,输入如下代码,保存为 5.2.py。

```
def area(x,y,z):
    s=0
    c=(x+y+z)/2
    s=(c * (c-x) * (c-y) * (c-z))**0.5
    return s
```

5.2.2 函数的调用

可以直接使用函数名调用函数,无论是系统内置函数还是自定义函数,调用函数的方法都是一致的。如果函数存在参数,则在调用函数时,也需要使用参数。

【例 5.3】 求最大值的函数 max()。该函数需要的参数个数必须大于等于 1 个。调用 max()函数。

打开 Python 编辑器,输入如下代码,保存为 5.3.py。

```
>>>max([2,8])
8
>>>max([1,5,9])
9
>>>max([8])
8
```

调用函数的时候,如果传入的参数数量不对,会报 ValueError 的错误,并且 Python 会给出错误信息。如 max()的参数是一个空序列:

```
>>>max([])
Traceback(most recent call last):
  File "<stdin>",line 1,in <module>
ValueError:max() arg is an empty sequence
```

如果传入的参数数量正确,但是参数类型不正确,会报 NameError 的错误,并且给出错误信息。如"a"没有定义:

```
>>>max([1,a])
Traceback(most recent call last):
  File "<stdin>",line 1,in <module>
NameError:name ' a' is not defined
```

Python 在调用函数时,需正确输入函数的参数数量和类型。

【例5.4】 采用函数的方式完整实现求解三角形的面积。

打开 Python 编辑器,输入如下代码,保存为 5.4.py,并调试运行。

```python
def area(x,y,z):
    s=0
    c=(x+y+z)/2
    s=(c*(c-x)*(c-y)*(c-z))**0.5
    return s
d=float(input("请输入三角形边长 d:"))
e=float(input("请输入三角形边长 e:"))
f=float(input("请输入三角形边长 f:"))
s1=area(d,e,f)
print("三角形的面积为%0.2f"%s1)
```

运行结果为

```
请输入三角形边长 d:6
请输入三角形边长 e:7
请输入三角形边长 f:8
三角形的面积为 20.33
```

在调用函数时,代码中的 d、e、f 称为实际参数,简称实参。

【例5.5】 求输入数字的平方,如果平方运算后小于 50 则退出。

打开 Python 编辑器,输入如下代码,保存为 5.5.py,并调试运行。

```python
TRUE=1
FALSE=0
def SQ(x):
    return x*x
print("如果输入的数字的平方小于 50,程序将停止运行。")
again=1
while again:
    num=int(input("请输入一个数字:"))
    print("运算结果为:%d"%(SQ(num)))
    if SQ(num)>=50:
        again=TRUE
    else:
        again=FALSE
```

运行结果为

```
如果输入的数字的平方小于 50,程序将停止运行。
请输入一个数字:12
运算结果为:144
请输入一个数字:5
运算结果为:25
```

【例5.6】 两个变量值互换。

打开 Python 编辑器,输入如下代码,保存为 5.6.py,并调试运行。

```
def exchange(a,b):
    a,b=b,a
    return (a,b)
x=10
y=20
print("x=%d,y=%d"%(x,y))
x,y=exchange(x,y)
print("x=%d,y=%d"%(x,y))
```

运行结果为

```
x=10,y=20
x=20,y=10
```

5.2.3 函数的嵌套

函数的嵌套是指函数里面套函数,即在一个函数中再定义一个函数。定义在其他函数内部的函数叫作内函数,内函数所在的函数就叫作外函数。

【例 5.7】 求 a、b、c、d、e 五个数的和。

打开 Python 编辑器,输入如下代码,保存为 5.7.py,并调试运行。

```
def sum1(a=10,b=15):
    def sum2(c=20):
        def sum3(d=25):
            def sum4(e=30):
                return a+b+c+d+e
            return sum4
        return sum3
    return sum2
sum=sum1()()()()
print("a+b+c+d+e 五个数的和为:",sum)
```

运行结果为

```
a+b+c+d+e 五个数的和为: 100
```

5.2.4 函数的递归调用

递归过程是指函数直接或间接调用自身完成某任务的过程。递归分为两类:直接递归和间接递归。直接递归是指在函数中直接调用函数自身;间接递归是指间接地调用一个函数,如第一个函数调用另一个函数,而这个函数又调用了第一个函数。

【例 5.8】 利用递归方法求 5!。递归公式:$f(n)=f(n-1)*4!$。

打开 Python 编辑器,输入如下代码,保存为 5.8.py,并调试运行。

```
def fact(n):
    sum=0
    if n==0:
        sum=1
```

```
    else:
        sum=n * fact(n-1)
    return sum
print(fact(5))
```

运行结果为

```
120
```

从这个例子可以看出,递归求解有以下两个条件。

(1)给出递归终止的条件和相应的状态。

(2)给出递归的表述形式,并且要向着终止条件变化,在有限步骤内达到终止条件。

【例 5.9】　利用递归函数调用方式,将所输入的 5 个字符,以相反顺序输出。

打开 Python 编辑器,输入如下代码,保存为 5.9.py,并调试运行。

```
def output(s,l):
    if l==0:
        return
    print(s[l-1],end=' ')
    output(s,l-1)
s=input("请输入字符串:")
l=len(s)
output(s,l)
```

运行结果为

```
请输入字符串:abcdef
f e d c b a
```

【例 5.10】　有 5 个人坐在一起,分别问他们多少岁,第 5 个人说比第 4 个人大 2 岁,第 4 个人说比第 3 个人大 2 岁,第 3 个人说比第 2 个人大 2 岁,第 2 个人说比第 1 个人大 2 岁,最后问第 1 个人,他说是 10 岁。请问第 5 个人多大?

打开 Python 编辑器,输入如下代码,保存为 5.10.py,并调试运行。

```
def age(i):
    if i==1:
        c=10
    else:
        c=age(i-1)+2
    return c
print(age(5))
```

运行结果为

```
18
```

5.3　参数的传递

定义 Python 函数时,就已经确定了函数的名字和位置。当调用函数的时候,只需要知道如何正确地传递参数以及函数的返回值即可。

Python 的函数定义简单、灵活,尤其是参数。除了函数的必选参数外,还有默认参数、可变参数和关键字参数,这样函数定义出来的接口不但能处理复杂的参数,还可以简化调用者的代码。

5.3.1　默认参数

Python 可以在定义函数时,直接在参数后面使用"＝"为其设置默认值。调用函数时,默认参数的值如果没有传入,则被认为是默认值。

【例 5.11】　输出 name 及 age。

可以定义 printinfo(name,age)函数输出 name 及 age,参考代码如下:

```
def printinfo(name,age):
    print("Name:",name)
    print("Age:",age)
    return
```

函数定义完毕后,该函数可以打印任何符合条件的 name 及 age。调用该函数后输出 Name 为 miki,Age 为 50,即 printinfo(name＝"miki",age＝50),运行结果为

```
Name: miki
Age: 50
```

若调用该函数时写成 printinfo(name＝"miki"),系统会给出如下错误提示。

```
TypeError: printinfo() missing 1 required positional argument: 'age'
```

为了使用方便,可以把第二个参数即 age 的值设置为默认值 35,这样函数就变成下面这种形式:

```
def printinfo(name,age=35):
    print("Name:",name)
    print("Age:",age)
    return
```

在这种情况下,再次调用 printinfo(name＝"miki"),函数会自动将 age 的值赋为 35,此时 35 即是该函数的默认参数,相当于调用 printinfo("miki",35),此时运行结果为

```
Name: miki
Age: 35
```

而对于 age 不是 35 的情况,需要明确给出 age 的值。

通过上面的例子可以看出,函数的默认参数可以简化函数的调用,优点是可以降低调用函数的难度。只需定义一个函数,即可实现对该函数的多次调用。

在设置默认参数时,需要注意以下几点。

(1) 一个函数的默认参数,仅仅在定义该函数时,被赋值一次。

(2) 默认参数的位置必须在必选参数的后面,否则 Python 的解释器会报语法错误。错误为 SyntaxError:non-default argument follows default argument。

(3) 在设置默认参数时,变化大的参数位置靠前,变化小的参数位置靠后,变化小的参数就可作为默认参数。

（4）默认参数一定要用不可变对象，如果是可变对象，程序运行会有逻辑错误。

5.3.2　可变参数

在 Python 函数中，还可以定义可变参数。可变参数的含义就是传入的参数个数是可变的，可以是任意个。

例如，给定一组数字 x、y、$z\cdots$，计算 $x+y+z+\cdots$。要定义这个函数，必须确定输入的参数个数，但是该题中参数个数不确定。解决的方法就是把 x、y、$z\cdots$ 作为一个列表（list）或元组（tuple）传进来。

【例 5.12】　计算 $x+y+z+\cdots$。

利用 list 或 tuple 定义一个 sum(numbers) 函数，参考代码如下。

```
def sum(numbers):
    s=0
    for i in numbers:
        s=s+i
    print("x+y+z+...的和是:",s)
    return
#实参使用 tuple 类型的元素
sum((1,2,3))
sum((1,3,5,7,9))
sum(())
#实参使用 List 类型的元素
sum([1,2,3])
sum([1,3,5,7,9])
sum([])
```

运行结果为

```
x+y+z+...的和是: 6
x+y+z+...的和是: 25
x+y+z+...的和是: 0
```

同时，Python 允许在定义的 list 或 tuple 前面加一个 ＊，把 list 或 tuple 的元素变成可变参数传进去，则函数定义变为 def sum(＊ numbers)，但是函数代码块不变，函数整体如下。

```
def sum( * numbers):
    s=0
    for i in numbers:
        s=s+i
    print("x+y+z+...的和是:",s)
    return
```

这样在利用可变参数后，调用该函数的时候可以简写如下。

```
sum(1,2,3)
sum(1,3,5,7,9)
sum()
```

运行结果为

```
x+y+z+...的和是: 6
x+y+z+...的和是: 25
x+y+z+...的和是: 0
```

5.3.3　关键字参数

Python 函数中的关键字参数允许传入 0 个或任意多个含参数名的参数,这些关键字参数在函数内部自动组装为一个字典(dict)。关键字参数的作用是可以扩展函数的功能,保证能接收到必选参数,同时也可以接收到其他参数。在 Python 中,使用**表示关键字参数。

使用关键字参数允许函数调用时与声明时参数的顺序不一致,因为 Python 解释器能够用参数匹配参数值。

【例 5.13】　定义一个函数,输出相关信息。

定义一个 teacher(name,age,**other),参考代码如下。

```
def teacher(name,age,**other):
    print("Name:",name,"Age:",age,"Other:",other)
```

定义的函数除了必选参数 name 和 age 外,还可以接收关键字参数 other。在调用该函数时,可以只传入必选参数,例如:

```
teacher("lisi",35)
```

运行结果为

```
Name: lisi Age: 35 Other: {}
```

同时也可以传入任意个关键字参数,例如:

```
teacher("wangwu",40,sex="M")
teacher("wangwu",40,sex="M",tel="18501214582")
```

运行结果为

```
Name: wangwu Age: 40 Other: {'sex': 'M'}
Name: wangwu Age: 40 Other: {'sex': 'M', 'tel': '18501214582'}
```

5.4　函数的返回值

在 Python 中可以为函数指定一个返回值,返回值可以是任何数据类型,使用 return 语句可以返回函数值并退出函数。不带参数值的 return 语句返回 None。如果需要返回多个值,则可以返回一个元组。

【例 5.14】　求两数的和。

打开 Python 编辑器,输入如下代码,保存为 5.14.py,并调试运行。

```
def sum(arg1,arg2):
    total=arg1+arg2
    print("函数内:",total)
```

```
    return total
total=sum(10,15)
print("函数外:",total,type(total))
```

运行结果为

```
函数内: 25
函数外: 25 <class 'int'>
```

5.5 变量的作用域

一个程序的所有变量并不是在哪个位置都可以访问的。访问权限取决于这个变量是在哪里赋值的。变量的作用域决定了在哪一部分程序可以访问哪个特定的变量名称。两种最基本的变量作用域是全局变量和局部变量。

在函数体中定义的变量称为局部变量。局部变量只在定义它的函数内部有效,在函数外,即使使用相同名字的变量,也会被看作另一个变量。与之相对的,在函数体之外定义的变量称为全局变量,全局变量在定义之后的代码中都有效,包括全局变量之后定义的函数体。如果局部变量和全局变量重名,则在定义局部变量的函数中,只有局部变量是有效的。调用函数时,所有在函数内声明的变量名称都将被加入作用域中。

【例 5.15】 局部变量与全局变量举例:求两数之和。

打开 Python 编辑器,输入如下代码,保存为 5.15.py,并调试运行。

```
total=0                              #total 在这里是全局变量
def sum(arg1,arg2):
    total=arg1+arg2                  #total 在这里是局部变量
    print("函数内是局部变量:",total)
    return total
sum(10,15)
print("函数外是全局变量:",total)
```

运行结果为

```
函数内是局部变量: 25
函数外是全局变量: 0
```

在函数体中,如果要为定义在函数外的全局变量赋值,可以使用 global 语句,表明变量是在函数外面定义的全局变量。global 语句可指定多个全局变量,如"global x,y,z"。一般情况应该尽量避免这样使用全局变量,因为全局变量会导致程序的可读性变差。

【例 5.16】 全局语句 global 示例。

打开 Python 编辑器,输入如下代码,保存为 5.16.py,并调试运行。

```
pi=3.1415926                         #全局变量
e=2.7182818                          #全局变量
def fun():
    global pi                        #全局变量,与之前的全局变量 pi 指向相同的对象
    pi=3.14
    print("global pi=",pi)
    e=2.718                          #局部变量,与前面的全局变量 e 指向不同的对象
```

```
        print("local e=",e)
print("module pi=",pi)
print("module e=",e)
fun()
print("module pi=",pi)
print("module e=",e)
```

运行结果为

```
module pi=3.1415926
module e=2.7182818
global pi=3.14
local e=2.718
module pi=3.14
module e=2.7182818
```

在函数体中,可以定义嵌套函数,在嵌套函数中,如果要为定义在上级函数体的局部变量赋值,可以使用 nonlocal 语句,表明变量不是所在程序块的局部变量,而是在上级函数体中定义的局部变量。nonlocal 语句可以指定多个非局部变量,如"nonlocal x,y,z"。

【例 5.17】 非局部语句 nonlocal 示例。

打开 Python 编辑器,输入如下代码,保存为 5.17.py,并调试运行。

```
def out_fun():
    tax_rate=0.15                          #局部变量
    print("outerfucnc tax rate=",tax_rate)
    def in_fun():
        nonlocal tax_rate
        tax_rate=0.05
        print("inner func tax rate=",tax_rate)
    in_fun()
    print("outer fucnc tax rate=",tax_rate)
out_fun()
```

运行结果为

```
outerfucnc tax rate=0.15
inner func tax rate=0.05
outer fucnc tax rate=0.05
```

5.6　上机练习

(1) 创建一个名为 sum() 的函数,并计算 n(包含 n)以内的整数之和。

打开 Python 编辑器,输入如下代码,保存为 5.18.py,并调试运行。

```
def sum(n):
    total=0
    for i in range (1,n+1):
        total+=i
    return total
```

```
a=int(input("请输入计算范围最大值:"))
total=sum(a)
print("%d以内的所有整数和是:%d"%(a,total))
```

运行结果为

```
请输入计算范围最大值:10
10以内的所有整数和是:55
```

（2）编写一个求某门课程成绩的函数。

说明：课程成绩由期中成绩和期末成绩两部分组成，按照指定的权重计算总评成绩。
打开 Python 编辑器，输入如下代码，保存为 5.19.py，并调试运行。

```
def grade(a,b):
    total=a*0.3+b*0.7
    return total
x=float(input("请输入平时成绩:"))
y=float(input("请输入期末成绩:"))
z=grade(x,y)
print("该同学的综合成绩是:%.2f"%z)
```

运行结果为

```
请输入平时成绩:75
请输入期末成绩:82
该同学的综合成绩是:79.90
```

5.7 习题

1. 填空题

（1）下面程序输出的结果是_____。

```
def f():pass
print(type(f()))
```

（2）下面程序输出的结果是_____。

```
def swap(lists,ind1,ind2):
    lists[ind1],lists[ind2]=lists[ind2],lists[ind1]
lst=[2,4,6,8,10]
lst[1],lst[3]=lst[3],lst[1]
swap(lst,2,4)
for i in range(len(lst)):
    print (lst[i]," ")
```

（3）阅读下面程序：

```
def fact(n):
    return n*fact(n-1)
def main()
```

```
print fact(5)
```

请问该程序是否正确？如果正确，请写出运行结果；如果不正确，则修改程序并写出相应的运行结果。

（4）下面程序的作用是显示输入的三个整数的最大值和最小值，请补充完整。

```
def f(a,b,c):
    _____
    if(b>max):max=b
    if(c>max):max=c
    if(b<min):min=b
    if(c<min):min=c
    _____
x,y,z=input("please input three whole numbers:")
max,min=f(x,y,z)
print("max value:",max,"min value:",min)
```

（5）在 Python 中，若 def f1(p,**p2):print(type(p2))，则 f1(1,a＝2) 的运行结果是_____。

（6）在 Python 中，若 def f1(a,b,c):print(a+b)，则 nums＝(1,2,3);f1(*nums) 的运行结果是_____。

（7）下面 Python 程序的功能是_____。

```
def f(a,b):
    if b==0:print(a)
    else:f(b,a%b)
print(f(9,6))
```

（8）下列 Python 语句的输出结果是_____。

```
def judge(param1,*param2):
    print(type(param2))
    print(param2)
judge(1,2,3,4,5)
```

2. 选择题

（1）以下内容关于函数描述正确的是（   ）。

    A. 函数用于创建对象

    B. 函数可以让程序执行得更快

    C. 函数是一段代码用于执行特定的任务

    D. 以上说法都正确

（2）以下代码输出结果为（   ）。

```
x=True
def printLine(text):
    print(text,'Runoob')
printLine('Python')
```

      A. Python   B. Python Runoob   C. text Runoob   D. Runoob

（3）如果函数没有使用 return 语句，则函数返回的是（　　　）。

      A. 0   B. None 对象

      C. 任意的整数   D. 错误！函数必须要有返回值

（4）以下代码输出结果为（　　　）。

```python
def greetPerson( * name):
    print('Hello',name)
greetPerson('Runoob','Google')
```

      A. Hello Runoob   B. Hello('Runoob','Google')

          Hello Google

      C. Hello Runoob   D. 错误！函数只能接收一个参数

（5）关于递归函数描述正确的是（　　　）。

      A. 递归函数可以调用程序的使用函数

      B. 递归函数用于调用函数本身

      C. 递归函数除了函数本身，还可以调用程序的其他所有函数

      D. Python 中没有递归函数

（6）以下代码的输出结果为（　　　）。

```python
def foo(x):
  if(x==1):
      return 1
  else:
      return x+foo(x-1)
print(foo(4))
```

      A. 10   B. 24   C. 7   D. 1

（7）如果需要从 math 模块中输出 pi 常量，以下代码正确的是（　　　）。

      A. print(math.pi)   B. print(pi)

      C. from math import pi   D. from math import pi

         print(pi)   print(math.pi)

（8）以下符号用于从包中导入模块的是（　　　）。

      A. .   B. *   C. −>   D. ,

（9）以下定义函数的语句正确的是（　　　）。

      A. def someFunction():   B. function someFunction()

      C. def someFunction()   D. function someFunction();

（10）代码"def a(b,c,d):pass"的含义是（　　　）。

      A. 定义一个列表，并初始化它   B. 定义一个函数，但什么都不做

      C. 定义一个函数，并传递参数   D. 定义一个空的类

（11）下列参数定义不合法的是（　　　）。

      A. def myfunc(* args):   B. def myfunc(arg1=1):

      C. def myfunc(* args,a==1):   D. def myfunc(a=1,**args):

（12）关于函数，以下选项中描述错误的是(　　　　)。

    A. 函数能完成特定的功能，对函数的使用不需要了解函数内部实现原理，只要了解函数的输入输出方式即可

    B. 使用函数的主要目的是降低编程难度和代码重用

    C. Python 使用 del 保留字定义一个函数

    D. 函数是一段具有特定功能、可重用的语句组

（13）简单变量作为实参时，它和对应的形参之间数据传递方式是(　　　　)。

    A. 由形参传给实参　　　　　　　　B. 由实参传给形参，再由形参传给实参

    C. 由实参传给形参　　　　　　　　D. 由用户指定传递方向

3. 编程题

（1）编写判断水仙花数的函数。从主程序中输入正整数 n，并调用判断水仙花数的函数，找出 n 以内的所有的水仙花数。（水仙花数是指一个 n 位数（$n \geqslant 3$），它的每个位上的数字的 n 次幂之和等于它本身。如 $1^3 + 5^3 + 3^3 = 153$，那么 153 就是水仙花数。）

（2）求方程的根。从主程序输入 a、b、c 的值，用三个函数分别求当 $b^2 - 4ac$ 大于 0、等于 0 和小于 0 时的根，并输出结果。

（3）由键盘输入任意两个整数 x、y，编写一个函数求 x 的 y 次方。

（4）设计一个函数，对输入的字符串（假设字符串中只包含小写字母和空格）进行加密操作，加密的规则是 a 变 d，b 变 e，c 变 f，…，x 变 a，y 变 b，z 变 c，空格不变，返回加密后的字符串。

（5）设计一个函数，统计一个字符串中出现频率最高的字符及其出现的次数。

第6章　面向对象基础

6.1　面向对象编程的基本概念

面向对象编程(object oriented programming,OOP),是一种程序设计思想。OOP 把对象作为程序的基本单元,一个对象包含了数据和操作数据的函数。面向对象编程是把计算机程序视为一组对象的集合,而每个对象都可以接收其他对象发过来的消息,并处理这些消息,计算机程序的执行就是一系列消息在各个对象之间传递。

在 Python 中,所有数据类型都可以视为对象,当然也可以自定义对象。自定义对象的数据类型就是面向对象中的类(class)的概念。类和对象是面向对象编程的两个主要方面。其中,对象具有多态性、封装性和继承性等优点。

(1)多态性指不同类的对象可以使用相同的操作。

(2)封装性指对外部世界隐藏对象的具体描述过程,也就是将数据和操作捆绑在一起,定义一个新类的过程。

(3)继承性指类之间的关系,在这种关系中,一个类共享了一个或多个其他类定义的结构和行为。继承描述了类之间的关系。子类可以对基类的行为进行扩展、覆盖、重定义。如果人类是一个类,则可以定义一个子类"男人","男人"可以继承人类的属性(例如姓名、身高、年龄等)和方法(即动作,如吃饭和走路等),这样在子类中就无须重新定义了。

6.2　类的定义和使用

6.2.1　类的概念

类(class)是指具有相同或相似性质的对象的抽象。因此,对象的抽象就是类,类的具体化就是对象。例如,如果人类是一个类,则一个具体的人就是一个对象。

6.2.2　类的声明

在 Python 中,可以使用 class 关键字声明一个类,其基本语法格式如下。

```
class 类名:
    成员变量
    成员函数
```

类名的首字母一般要大写,当然也可按照自己的习惯定义类名。例如:

```
class Person:
    def SayHello(self):
        print("How are you!")
```

可以看出,在成员函数 SayHello( )中有一个参数 self,这也是类的成员函数(方法)与普通函数的主要区别。类的成员函数必须有一个参数 self(也可以用其他名称代替),而且位于参数列表的开头。self 代表类的实例(对象)本身,可以使用 self 引用类的属性和成员函数。

6.2.3 类的使用

定义了类之后,可以用来实例化对象,并通过"对象.成员"的方式访问其中的数据成员或成员方法。

【例 6.1】 定义一个 Person 类,定义 SayHello( )成员函数,成员函数输出"How are you!",并创建 Person 类的实例 p,使用实例 p 引用 SayHello( )函数。

打开 Python 编辑器,输入如下代码,保存为 6.1.py,并调试运行。

```
class Person:
    def SayHello(self):
    print("How are you!")
p=Person()
p.SayHello()
```

运行结果为

```
How are you!
```

【例 6.2】 定义一个 MyString 类,定义其成员变量 str,同时对其赋初始值。
打开 Python 编辑器,输入如下代码,保存为 6.2.py,并调试运行。

```
class MyString:
    str="MyString"
    def output(self):
        print(self.str)
s=MyString()
s.output()
```

运行结果为

```
MyString
```

6.2.4 实例成员与类成员

在 Python 中成员有两种,一种是实例成员,另一种是类成员。同样,属性也有实例属性和类属性两种。实例属性一般是在构造函数__ init__( )中定义的,定义和使用时必须以 self 作为前缀;类属性是在类中所有方法之外定义的数据成员。在主程序中(或类的外部),实例属性属于实例(对象),只能通过对象名访问;而类属性属于类,可以通过类名或对象名访问。

在类的方法中可以调用类本身的其他方法,也可以访问类属性以及对象属性。在 Python 中比较特殊的是,可以动态地为类和对象增加成员。

【例 6.3】 定义一个字符串 Bike 类,定义其成员变量 price 和实例属性并对其赋初始值。

打开 Python 编辑器,输入如下代码,保存为 6.3.py,并调试运行。

```
class Bike:                              #定义 Bike 类
    price=500                            #定义 Bike 类属性
```

```
    def __init__(self,a):                #定义__init__函数
        self.color=a                     #定义实例属性
bike1=Bike("blue")                       #定义 Bike 类的实例 bike1 并带参数值
bike2=Bike("green")                      #定义 Bike 类的实例 bike2 并带参数值
print(bike1.color,bike1.price)           #输出 bike1 的属性值:blue 500
Bike.price=1000                          #修改 Bike 类属性值
Bike.name="number"                       #增加 Bike 类属性
bike1.color="red"                        #修改 bike1 属性值
#输出 bike1 的 color,price,name 属性值:red 1000 number
print(bike1.color,bike1.price,bike1.name)
#输出 bike2 的 color,price,name 属性值:green 1000 number
print(bike2.color,bike2.price,bike2.name)
```

6.2.5　类的公有成员和私有成员

在 Python 程序中定义的成员变量和方法默认都是公有成员,类之外的任何代码都可以随意访问这些成员。如果在成员变量和方法名前面加上两个下画线"__"作为前缀,则访问变量或方法就是类的私有成员。私有成员只能在类的内部使用,类外的任何代码都无法访问这些成员。

【例 6.4】　访问私有成员。

```
class A:
    def __init__(self,a,b):              #定义私有方法__init__()
        self.__a=a
        self.__b=b
    def add(self):                       #定义普通成员方法 add()
        self.__sum=self.__a+self.__b
        return self.__sum
        def printsum(self):              #定义普通成员方法 addprintsum()
            print(self.__sum)
t=A(2,3)
s=t.add()
t.printsum()
print("s=",s)
```

运行结果为

```
5
s=5
```

6.3　类的属性和方法

6.3.1　类的属性

Python 也允许声明属于类对象本身的变量,即类属性,也称为类变量、静态属性。类属性属于整个类,不是特定实例的一部分,而是所有实例之间共享一个副本。

类属性的语法格式如下:

类变量名=初始值

可通过类名进行访问,格式如下:

```
类名.类变量名=值                    #修改类属性值
类名.类变量名                       #读取类属性值
```

【例 6.5】 定义 class1 类,并定义相关类属性。

```
class class1:
    sum=0                          #定义属性 sum
    name="name1"                   #定义属性 name
class1.sum+=1                      #通过类名访问 sum 属性,并加 1
print(class1.sum)                  #通过类名访问 sum 属性,并输出其值
print(class1.name)                 #通过类名访问 name 属性,并输出其值
class2=class1()                    #创建实例对象 class2
class3=class1()                    #创建实例对象 class3
print(class2.sum,class2.name)     #通过实例对象 class2 访问 sum 和 name 属性,并输出值
class1.name="一班"                 #通过类名访问属性 name,并赋值
print(class2.name,class3.name)     #通过实例对象 class2、class3 访问 name 属性,并输出值
class2.name="二班"                 #通过实例对象 class2 访问 name 属性,并赋值
print(class2.name,class3.name)     #通过实例对象 class2、class3 访问 name 属性,并输出值
```

运行结果为

```
1
name1
1 name1
一班 一班
二班 一班
```

6.3.2 类的方法

1. 实例方法

方法是函数的抽象表述。一般情况下类的方法的第一个参数一般为 self,这种方法称为实例方法。实例方法对类的某个给定的实例进行操作,可以通过 self 显式地访问该实例。

实例方法的声明语法格式如下:

```
def 方法名(self,[形参列表]):
    语句
```

调用方法格式如下:

```
对象.方法名([实参列表])
```

在调用时,不能给 self 参数传值。Python 自动把对象实例传递给该参数。

例如,声明了一个 Person 类和 My_person(self,a1,a2)类方法,则:

```
object1=Person()                  #创建 Person 的对象实例 object1
object1.My_person(a1,a2)          #调用对象实例 object1 的方法
```

调用对象 object1 的方法 object1.My_person(a1,a2)，Python 自动转换为 object1.My_person(object1,a1,a2)，即自动把对象实例 object1 传值给 self 参数。

【例 6.6】 实例方法示例。定义 Car2 类，创建其对象，并调用对象函数。

```
class Car2:                        #定义 Car2 类
    def car_new(self,name):        #定义 car_new 方法
        self.name=name             #把参数 name 赋值给 self.name
print("哦,是一辆新车呀!",self.name)
>>> c2=Car2()                      #创建 Car2 类实例对象 c2
>>> c2.car_new("宾利")             #使用实例对象 c2 调用 car_new 方法
哦,是一辆新车呀! 宾利
```

2. 类方法

Python 也允许声明属于类本身的方法，即类方法。类方法不对特定实例进行操作，在类方法中访问对象实例属性会导致错误。类方法通过装饰器@classmethon 来定义，第一个形式参数必须为对象本身，通常为 cls。

类方法的语法格式如下：

```
@classmethod
def 类方法名(cls,[形参列表]):
    语句
```

类方法一般通过类名访问，也可通过对象实例调用。其调用语法格式如下：

```
类名.类方法名([实参列表])
```

注意：在调用时，不能给 cls 参数传值。因为 Python 会自动把类对象传递给该参数。类对象与类的实例对象不同，在 Python 中，类本身也是对象。

【例 6.7】 实例方法、类方法示例。

```
class Zoo:
    classname="Zoo"
    def __init__ (self,name):
        self.name=name
    def z1(self):                  #定义实例方法
        print(self.name)
    @classmethod                   #定义类方法
    def z2(cls):
        print(cls.classname)
z=Zoo("老虎")
>>> z.z1()
老虎
>>> z.z2()
Zoo
```

3. 私有方法与公有方法

在 Python 中，以两个下画线（中间无空格）开头，但不以两个下画线结束的方法是私有

方法(private),其他为公有方法(public)。以双下画线(中间无空格)开始和结束的方法是
Python 的特殊方法。

【例 6.8】 私有方法示例。

```
class Book:                                #定义类 Book
    def __init__(self,name,author,price,date): #构造函数或构造方法
        self.name=name                     #把参数 name 赋值给 self.name
        self.author=author                 #把参数 author 赋值给 self. author
        self.price=price                   #把参数 price 赋值给 self. price
        self.date=date                     #把参数 date 赋值给 self. date
    def __check_name(self):                #定义私有方法
        if self.name=="":                  #判断 self.name 是否为空
            return False
        else:
            return True
    def get_name(self):                    #定义类 Book 的方法 get_name()方法
        if self.__check_name():            #调用私有方法__check_name()
            print(self.name,self.author,self.price,self.date)
        else:
            print("no book")
book1=Book("Python 程序设计基础","小骆",49,"2019-12")   #创建类 Book 的实例
book1.get_name()                                        #调用类 Book 的 get_name()方法
```

运行结果为

```
Python 程序设计基础 小骆 49 2019-12
>>> book1.__check_name()                    #直接用实例 book1 调用私有方法,非法访问
AttributeError: 'Book' object has no attribute '__check_name'
```

6.4 类的继承

类继承是指新类继承旧类的属性与方法。继承的新类称为派生类(子类),被继承的旧
类则称为基类(父类)。

当用户创建派生类后,就可以在派生类内新增或是改写基类的保护方法。

派生类的语法格式如下:

```
class 派生类名[ (基类 1,基类 2,基类,... ) ]:
    语句
```

一个派生类可以同时继承多个基类,基类之间以逗号隔开。

例如,下列是一个基类 A 和一个基类 B,派生类 C 继承基类 A,派生类 D 继承基类 A 和
基类 B。

```
>>>class A:                                #基类 A
    pass                                   #占位
>>>class B:                                #基类 B
    pass                                   #占位
>>>class C(A):                             #派生类 C 继承基类 A
```

```
        pass                              #占位
>>>class D(A,B):                          #派生类 D 继承基类 A 和 B
        pass                              #占位
```

派生类名后为所有基类的名称元组。如果在类定义中没有指定基类,则默认其基类为object。object 是所有对象的根基类,定义了公用方法的默认实现。例如:

```
class Student:
    pass
```

等同于

```
Class Student(object):
    pass
```

声明了派生类后,必须在其构造函数中调用基类的构造函数。调用语法格式如下:

```
基类名.__init__(self,参数列表)
```

【例 6.9】　派生类实例。创建一个基类 Student,包含四个数据成员 name、sex、age、phone。

```
class Student:                            #定义基类
    def __init__(self,name,sex,age,phone):     #构造函数 __init__()
        self.name=name                    #把参数 name 赋值给 self.name
        self.sex=sex                      #把参数 sex 赋值给 self.sex
        self.age=age                      #把参数 age 赋值给 self.age
        self.phone=phone                  #把参数 phone 赋值给 self.phone
    def printdata(self):                  #定义基类 Student 方法 printdata
        print("我叫{0},{1},今年{2}岁,电话:{3}。
        ".format(self.name,self.sex,self.age,self.phone))   #输出参数值
class Person1(Student):                    #定义派生类
    def __init__(self,name,sex,age,phone):     #构造派生类 Person1
        Student.__init__(self,name,sex,age,phone)   #调用基类构造函数 __init__()
x=Person1("王明","男",21 ,"15157580202")     #派生类实例对象 x
x.printdata()                             #调用派生类方法 printdata()
```

运行结果为

我叫王明,男,今年 21 岁,电话:15157580202。

【例 6.10】　基类方法和派生类方法调用实例。创建一个基类 Student,包含四个数据成员 name、sex、age、phone。

```
class Student:                            #定义基类
    def __init__(self,name,sex,age,phone):     #构造基类函数 __init__()
        self.name=name                    #把参数 name 赋值给 self.name
        self.sex=sex                      #把参数 sex 赋值给 self.sex
        self.age=age                      #把参数 age 赋值给 self.age
        self.phone=phone                  #把参数 phone 赋值给 self.phone
    def printdata(self):                  #定义基类 Student 的方法 printdata()
```

```
        print("我叫{0},{1},今年{2}岁,电话:{3}。"
            .format(self.name,self.sex,self.age,self.phone))    #输出参数值
class Person1(Student):                          #定义派生类
    def __init__(self,name,sex,age,phone):       #构造派生类 Person1 的构造函数__init__()
        Student.__init__(self,name,sex,age,phone)    #调用基类构造函数__init__()
        self.name=name                           #把参数 name 赋值给 self.name
        self.sex=sex                             #把参数 sex 赋值给 self.sex
    def printdata(self):                         #定义派生类 Person1 的方法 printdata()
        print("我叫{0},{1}。".format(self.name,self.sex))
x=Student("陈思","女",20,"15157580303")            #创建基类实例 x
x.printdata()                                    #调用基类方法 printdata()
y=Person1("黄文","男",21,"15702020142")            #创建派生类实例 y
y.printdata()                                    #调用派生类方法 printdata()
```

运行结果为

我叫陈思,女,今年 20 岁,电话:15157580303。
我叫黄文,男。

【例 6.11】 基类方法和派生类方法调用实例。创建三个类,分别是 AA、BB、CC。BB
继承 AA,CC 继承 BB。三个类都有一个相同名称的构造函数 printout()。

```
class AA:
    def __init__(self,name):
        self.name=name
    def printout(self):
        print("这是 AA 类的构造函数 printout(),name=%s"%self.name)
class BB(AA):                                    #定义派生类 BB,继承基类 AA
    def __init__(self,name):
        AA.__init__(self,name)
    def printout(self):
        print("这是 BB 类的构造函数 printout(),name=%s"%self.name)
class CC(BB):                                    #定义派生类 CC,继承基类 BB
    def __init__(self,name):
        BB.__init__(self,name)
    def printout(self):
        print("这是 CC 类的构造函数 printout(),name=%s"%self.name)
AA("AA").printout()                              #调用 AA 类的方法 printout()
BB("BB").printout()                              #调用 BB 类的方法 printout()
CC("CC").printout()                              #调用 CC 类的方法 printout()
```

运行结果为

这是 AA 类的构造函数 printout(),name=AA
这是 BB 类的构造函数 printout(),name=BB
这是 CC 类的构造函数 printout(),name=CC

在上述示例中,AA("AA").printout()只会调用 AA 类中的 printout()函数;
BB("BB").printout()会先调用 BB 类的 printout()函数,因为已经找到一个 printout()函

数,所以不会继续向基类 AA 中查找;CC("CC").printout()会先调用 CC 类的 printout()函数,因为已经找到一个 printout()函数,所以不会继续向基类 BB 和 CC 中查找,只有当本类中没找到时,才会去基类中查找。

在 Python 中,命名空间的搜索顺序依次为:类的实例→类→基类。Python 也允许多重继承,即派生类(子类)可以继承多个基类(父类),这就是多重继承。

【例 6.12】 多重继承示例。创建三个类 one、two、three。three 继承 one 和 two。

```python
class one:
    def __init__(self):
        self.name1="这是第一个基类!"
class two:
    def __init__(self):
        self.name2="这是第二个基类!"
class three(one,two):                    #派生类 three 继承基类 one 和 two
    def __init__(self):
        one.__init__(self)
        two.__init__(self)
        self.name3="这是派生类!"
    def printout(self):
        print("\n",self.name1,"\n",self.name2,"\n",self.name3)
#输出基类 one 的属性 name1 的值,输出基类 two 的属性 name2 的值,输出派生类 three
的属性 name3 的值,
p=three()
p.printout()
```

运行结果为

```
这是第一个基类!
这是第二个基类!
这是派生类!
```

6.5 上机练习

(1) 编写一个计算三个数之和的类。

打开 Python 编辑器,输入如下代码,保存为 6.13.py,并调试运行。

```python
class Threesum():
    def __init__(self,a,b,c):
        self.a=a
        self.b=b
        self.c=c
    def sum(self):
        s=self.a+self.b+self.c
        print("三个数之和:",s)
print("请输入三个数:")
a1=int(input())
b1=int(input())
```

```
c1=int(input())
sum1=Threesum(a1,b1,c1)
sum1.sum()
```

运行结果为

请输入三个数:
1
2
3
三个数之和:6

(2) 设计一个商品类,该类属性有商品编号、商品名和商品价格。计算四种商品价格的总和。

打开 Python 编辑器,输入如下代码,保存为 6.14.py,并调试运行。

```
class Ware():
    def __init__(self,spbh,spm,spjg):
        self.spbh=spbh
        self.spm=spm
        self.spjg=spjg
    def price(self):
        return self.spjg
    def printsp(self):
        print("商品编号:{0},商品名称:{1},商品价格:{2}".format(self.spbh,self.spm,
        self.price()))
ware1=Ware("h1001","海飞丝",58.5)
ware11=ware1. Price()
ware2=Ware("f1001","飞科电吹风",48.5)
ware22=ware2. Price()
ware3=Ware("s1001","上海香皂",8)
ware33=ware3. Price()
ware4=Ware("f2001","飞利浦台灯",45.7)
ware44=ware4. Price()
ware1.printsp()
ware2.printsp()
ware3.printsp()
ware4.printsp()
sum=ware11+ware22+ware33+ware44
print("商品总价:",str(sum) +"元")
```

运行结果为

商品编号:h1001,商品名称:海飞丝,商品价格:58.5
商品编号:f1001,商品名称:飞科电吹风,商品价格:48.5
商品编号:s1001,商品名称:上海香皂,商品价格:8
商品编号:f2001,商品名称:飞利浦台灯,商品价格:45.7
商品总价: 160.7元

6.6　习题

1. 填空题

（1）Python 类中的方法有实例方法、_____和_____三种。

（2）Python 类中的属性分为_____和_____两种。

（3）实例方法的第一个参数必须是_____。

（4）类方法以_____作为第一个参数。

（5）在 Python 中，定义类的关键字是_____。

（6）类分为简单继承和_____。

（7）一个派生类可以同时继承_____基类，基类之间以_____隔开。

（8）对象具有多态性、_____和_____等优点。

（9）类名的首字母一般要_____，当然也可按照自己的习惯定义类名。

（10）__xxx__：这样的对象是_____的保护成员。

（11）在 Python 中，命名空间的搜索顺序，依次为_____、_____、_____。

2. 选择题

（1）下面不属于面向对象程序设计语言的是（　　　）

  A. Access   B. C++   C. Java   D. Python

（2）以下不是 Python 语言的特点的是（　　　）。

  A. 多态性   B. 继承性   C. 传递性   D. 封装性

（3）以下可以实现将对象进行初始化的是（　　　）。

  A. 构造函数   B. 析构函数   C. 公有成员   D. 静态方法

（4）下列叙述中错误的是（　　　）。

  A. 对象是类的一个实例

  B. 任何一个对象只能属于一个基类

  C. 一个类只能有一个对象

  D. 类与对象的关系和数据类型与变量的关系相似

（5）下列叙述中正确的是（　　　）。

  A. 类的属性被类的所有实例所共有

  B. 类的属性不能被所有的实例所共有

  C. 类的属性在类体内定义

  D. 类的属性的访问形式为"类名.类属性名"

（6）下列关于属性的描述错误的是（　　　）。

  A. 实例属性被类的所有实例所共有 B. 实例属性属于类的一个实例

  C. 实例属性使用"self.属性名"定义 D. 实例属性使用"self.属性名"访问

（7）关于 Python 类的说法错误的是（　　　）。

  A. 类的实例方法需要在实例化后才能调用

  B. 类的实例方法可以在实例化之前调用

  C. 静态方法和类方法都可以被类或实例访问

  D. 静态方法无须传入 self 参数

（8）在 Python 中，为了不让某种属性或方法在类外部被调用或修改，可以使用（　　）。

　　A. 单下画线为开头的名称　　　　　　B. 双下画线为开头的名称

　　C. 双下画线为开头和结尾的名称　　　D. 单下画线为开头和结尾的名称

（9）下列关于类的继承，叙述正确的是（　　）。

　　A. 类可以被继承，但不能继承父类的私有属性和私有方法

　　B. 类可以被继承，能继承父类的私有属性和私有方法

　　C. 子类可以修改父类的方法，以实现与父类不同的行为表示或能力

　　D. 一个类可以继承多个基类

3. 编程题

（1）设计一个产品类，该类有产品编号、产品名称、产品单价、产品数量、产品生产地。应用该类，统计三种产品的总金额。

（2）设计一个 Student 类。该类属性有学号、姓名和成绩。计算 5 名学生的成绩平均分。

第 7 章 Python 标准库与第三方库

7.1 库的导入与使用

在 Python 中包含了大量的库,在使用时可根据需要通过 import 语句将库导入,并使用其定义的功能。

1. 导入库与使用

使用 import 语句对库进行导入。其语法格式有如下三种。

```
import 库名                          #导入单个库
import 库名 1, 库名 2,...,库名 n     #导入多个库
import 库名 as 库别名                #导入库并使用别名
```

其中,库名是要导入的库的名称。注意区分库名的大小写。

在程序编写过程中,库的导入一般位于程序语句的开始位置。导入库后,就可以使用"库名.函数名/变量名"对成员进行访问。例如:

```
>>> import math                     #导入 math 库
>>> math.pow(2,3)
8.0                                 #使用 math.pow(2,3)输出的结果
```

2. 导入库中的成员

在 Python 中还可以直接导入库中的某个成员。其语法格式如下:

```
from 库名 import 成员名             #导入库中的某个成员
成员名                              #直接使用成员名
```

例如:

```
>>> from math import sqrt          #导入 math 库中的 sqrt 成员
>>> sqrt(36)                       #直接使用 sqrt 成员
6.0                                #输出 sqrt(36)的结果
```

如果希望同时导入一个库中的多个成员,可以使用以下形式:

```
from 库名 import 成员名 1,成员名 2,...,成员名 n
>>> from math import sqrt,sin,cos   #导入 math 库中的 sqrt、sin、cos 成员
>>> sin(10)                         #直接使用 sin 成员
-0.5440211108893698                 #输出 sin(10)的结果
>>> cos(10)                         #直接使用 cos 成员
-0.8390715290764524                 #输出 cos(10)的结果
```

如果要导入一个库中的所有成员,可以使用以下形式。

```
from 库名 import *                  #导入库中的所有成员
```

```
>>> from math import *          #导入 math 库中的所有成员
>>> tan(10)                     #直接使用 tan 成员
0.6483608274590866              输出 tan(10) 的结果
>>> sqrt(9)                     #直接使用 sqrt 成员
3.0                             #输出 sqrt(9) 的结果
>>> sin(8)                      #直接使用 sin 成员
0.9893582466233818             #输出 sin(8) 的结果
```

7.2 turtle 库

turtle(海龟)库是 Python 语言中一个非常流行的绘制图像的函数库。在一个横轴为 x、纵轴为 y 的坐标系中,它根据一组函数指令的控制,在原点位置(0,0)开始移动进行图形绘制。

turtle 库包含了 100 多个功能函数,经常使用的有窗体函数、画笔状态函数和画笔运动函数。

7.2.1 窗体函数

1. screensize()函数

screensize()函数用于设置绘制窗口的大小及背景颜色。

语法格式如下:

```
turtle.screensize(canvwidth, canvheight, bg)
```

canvwidth 表示窗口的宽度,单位为像素。

canvheight 表示窗口的高度,单位为像素。

bg 表示窗口的背景颜色。

例如:

```
>>> import turtle
>>> turtle.screensize(700,500,"green")
```

执行上面两行语句,弹出如图 7.1 所示的 turtle 图形绘制窗口。

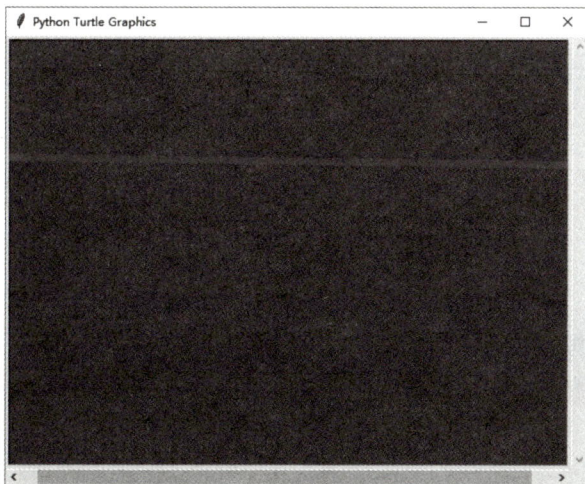

图 7.1 使用 screensize( )函数创建窗口

2. setup（）函数

setup()函数用于设置绘制窗口的大小及位置。

语法格式如下：

```
turtle.setup(width, height, startx, starty)
```

width 表示窗口的宽度，输入值为整数时，单位为像素；输入值为小数时，表示窗口宽度与计算机屏幕的比例。

height 表示窗口的高度，输入值为整数时，单位为像素；输入值为小数时，表示窗口高度与计算机屏幕的比例。

"startx，starty"表示窗口左上角顶点的位置，如果为空，则窗口位于屏幕中心。

例如：

```
>>> import turtle
>>> turtle.setup(width=700,height=500,startx=10,starty=10)
```

执行上面两行语句，弹出如图 7.2 所示的 turtle 图形绘制窗口。

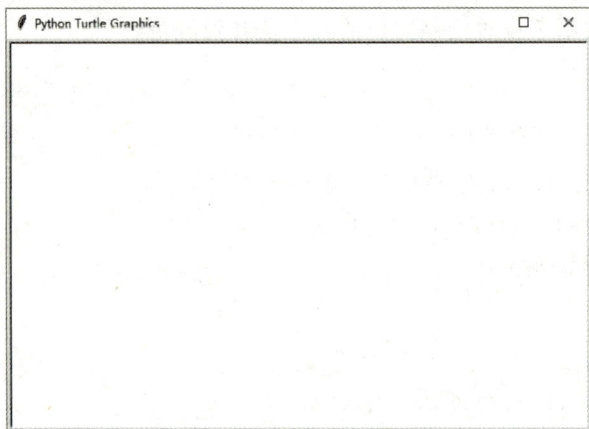

图 7.2 使用 setup（）函数创建窗口

7.2.2 画笔状态函数

1. penup（）函数

penup()函数用于设置画笔提起后移动画笔不绘制形状，与 pendown()配对使用。

语法格式如下：

```
turtle.penup()                                    #不带参数
```

2. pendown（）函数

pendown()函数用于设置画笔放下后移动画笔开始绘制形状。

语法格式如下：

```
turtle. pendown ()                                #不带参数
```

3. pensize ()函数

pensize ()函数用于设置画笔宽度,当无参数时,画笔宽度为当前画笔宽度。
语法格式如下:

```
turtle.pensize (width)                    #width 表示画笔的宽度
```

4. pencolor ()函数

pencolor()函数用于设置画笔颜色。
语法格式如下:

```
turtle.pencolor (colorstring)#colorstring 表示字符串的颜色,如 red、blue、green 等。
```

或

```
turtle.pencolor (R,G,B)    #R、G、B 表示红、绿和蓝三种颜色分别对应的十进制数值,如 R:255、
G:255、B:120 等。
```

5. color ()函数

color()函数可同时设置画笔颜色和背景颜色。
语法格式如下:

```
turtle.color(colorstring1,colorstring2)    #colorstring1 设置画笔绘制颜色,
                                             colorstring2 设置填充背景颜色。
```

6. begin_fill ()函数

begin_fill ()函数用于设置填充区域颜色。在开始绘制拟填充背景图形前调用。
语法格式如下:

```
turtle.begin_fill ()                     #不带参数
```

7. end_fill ()函数

end_fill ()函数与 turtle. begin_fill ( )函数配对。在结束绘制拟填充背景图形后调用。
语法格式如下:

```
turtle.end_fill ()函数                    #不带参数
```

例如:

```
>>> import turtle                     #导入 turtle 库
>>> turtle.color("red","blue")        #设置画笔颜色为红色,填充区域颜色为蓝色
>>> turtle.begin_fill()               #在开始绘制拟填充背景图形前调用
>>> turtle.circle(80)                 #绘制一个圆,直径为 80 像素
>>> turtle.end_fill()                 #在结束绘制拟填充背景图形后调用
```

执行上面五行语句,运行结果如图 7.3 所示。

8. clear ()函数

clear()函数用于清空当前窗口的图形,但不改变当前画笔的位置。
语法格式如下:

```
turtle.clear()                        #不带参数
```

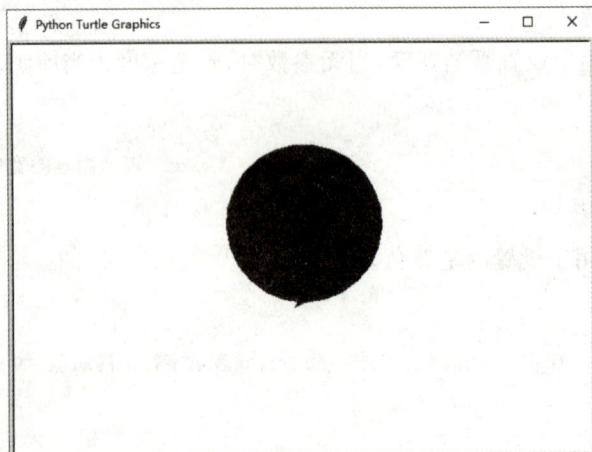

图 7.3　color 函数应用

9. reset()函数

reset()函数用于清空当前窗口图形,并重置位置,返回绘制原点。

语法格式如下:

```
turtle.reset()                          #不带参数
```

10. hideturtle()函数

hideturtle()函数用于隐藏画笔的 turtle 形状。

语法格式如下:

```
turtle.hideturtle()                     #不带参数
```

11. showturtle()函数

showturtle()函数用于显示画笔的 turtle 形状。

语法格式如下:

```
turtle. showturtle()                    #不带参数
```

12. isvisible()函数

isvisible()函数用于判断 turtle 对象是否显示。

语法格式如下:

```
turtle. isvisible()     #如果画笔的状态为显示,则返回 True,否则返回 False。
```

13. write()函数

write()函数用于向画布上输出字符。

语法格式如下:

```
turtle.write(str,font)   #str 是要输出的字符串,font 是字体名称、字体尺寸和字体类型 3 个
                         元素构成的元组。根据设置的字体 font 形式,将字符串 str 显示在
                         画布上。
```

例如：

```
>>> import turtle
>>> turtle.circle(100)
>>> turtle.write("画一个圆",font=("宋体",20,"bold"))
```

执行上面三行语句,运行结果如图7.4所示。

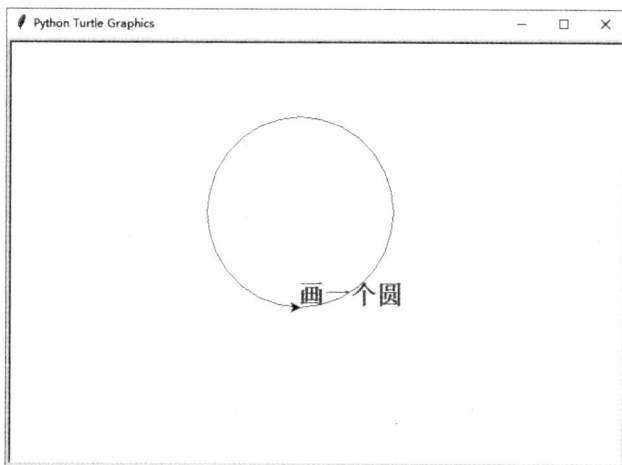

图7.4　write()函数的应用

7.2.3　画笔运动函数

1. forward()函数

forward()函数用于沿着当前方向前进指定距离。

语法格式如下：

```
turtle.forward(distance)或 turtle.fd(distance)        #distance表示沿当前方向前进
                                                       distance距离
```

2. bk()函数

bk()函数用于控制画笔向行进的反方向运动一个距离。

语法格式如下：

```
turtle.bk(distance)或 turtle.backward(distance)       #distance表示沿当前方向
                                                       后退distance距离
```

3. right()函数

right()函数用于改变画笔行进方向为当前右侧方向。

语法格式如下：

```
turtle.right(angle)                                   #右侧angle角度方向
```

4. left()函数

left()函数用于改变画笔行进方向为当前左侧方向。

语法格式如下：

```
turtle.left (angle)      #左侧 angle 角度方向
```

5. goto（x,y）函数

goto（）函数用于移动画笔到指定的坐标位置。
语法格式如下：

```
turtle.goto (x,y)          #(x,y)为坐标位置,x 为横坐标,y 为纵坐标。如果当前画笔处于落下
                            状态,则绘制当前位置到指定的(x,y)位置
```

6. setx（）函数

setx（）函数用于修改画笔的横坐标到指定的位置。
语法格式如下：

```
turtle.setx(x)           #修改画笔的横坐标为指定的 x 坐标位置,纵坐标位置不变
```

7. sety（）函数

sety（）函数用于修改画笔的纵坐标到指定的位置。
语法格式如下：

```
turtle.sety(y)           #修改画笔的纵坐标为指定的 y 坐标位置,横坐标位置不变
```

8. setheading（）函数

setheading（）函数用于改变画笔的绘制方向。
语法格式如下：

```
turtle.setheading(to_angle)或 turtle.seth(to_angle)      #设置画笔当前行进方向为 to_
                                                          angle 角度,该角度是绝对方
                                                          向角度值。
```

图 7.5 给出了 turtle 库的角度坐标系,供 turtle 库中的函数使用。需要注意的是,turtle 库的角度坐标系以正东向为绝对 0°,即为小海龟绘图的初始方向,正西方向为绝对 180°,这个坐标体系是方向的绝对方向体系,与小海龟爬向当前方向无关。因此,可以利用这个绝对坐标体系随时更改小海龟的前进方向。

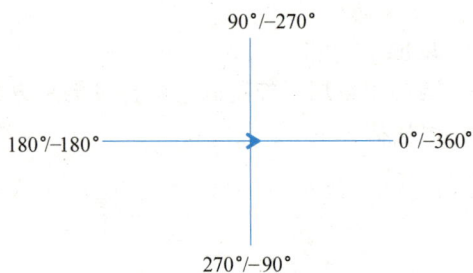

图 7.5　turtle 角度坐标系

9. home（）函数

home（）函数用于移动画笔到坐标系原点,画笔方向为初始方向。
语法格式如下：

```
turtle.home ()           #不带参数
```

10. dot（）

dot（）函数用于绘制一个带有背景色、特定大小的圆点。

语法格式如下：

```
turtle.dot(size,color)        #绘制一个尺寸为 size 大小且带有背景色 color 的圆点
```

例如：

```
>>> import turtle
>>> turtle.dot(10,"green")
```

执行上面两行语句,运行结果如图 7.6 所示。

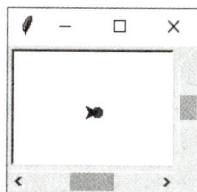

图 7.6　dot()函数应用

11. undo()

undo 函数用于撤销绘图的最后一次动作。

语法格式如下：

```
turtle.undo()            #不带参数
```

12. speed()

speed 函数用于设置画笔的绘制速度。

语法格式如下：

```
turtle.speed(s)        #设置画笔的速度为 s,s 取值为 0~10,0(或"fastest")表示没有绘制动作
                        (即速度最快),1~10 之间表示逐步增加绘制速度,超过 10 则等同于 0(没
                        有绘制动作)
```

13. circle()函数

circle()函数用于绘制一个弧形。

语法格式如下：

```
turtle.circle(radius,extent)    #根据半径 radius 绘制 extent 角度的弧形。radius 值为
                                正数时,半径在小海龟左侧,当值为负数时,半径在小海龟右
                                侧;当省略 extent 参数时,绘制一个圆
```

例如：

```
>>>import turtle
>>> turtle.clear()
>>> turtle.circle(100,30)
```

执行上面三行语句,运行结果如图 7.7 所示。

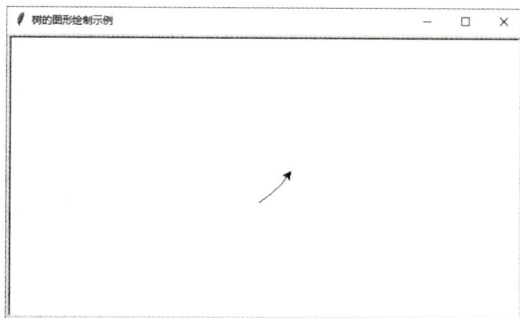

图 7.7　使用 circle()函数画弧形

7.2.4　基于 turtle 库的绘图应用

【例 7.1】 绘制正方形示例。

```
import turtle                                    #导入 turtle 库
turtle.title("正方形示例")                        #设置窗体标题
#设置窗口大小(宽 500 像素,高 400 像素),初始位置在原点坐标(0,0)
turtle.setup(500,400,0,0)
turtle.color("blue")                             #设置画笔颜色为蓝色
turtle.pensize(3)                                #设置画笔宽度为 3 像素
turtle.speed(2)                                  #设置画笔移动速度为 2
for i in range(4):                               #使用循环 4 次绘制四条边
    turtle.forward(100)                          #画笔向前移动 100 像素
    turtle.left(90)                              #画笔向左旋转 90°
```

运行结果如图 7.8 所示。

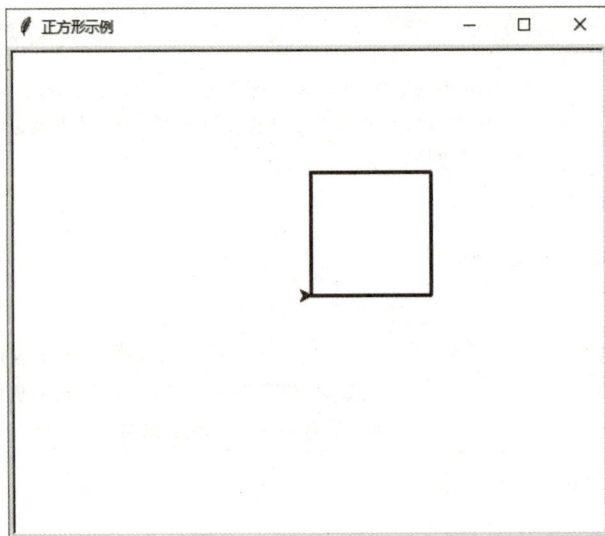

图 7.8　绘制正方形示例

【例 7.2】 绘制圆形示例。

```
import turtle
turtle.title("绘制圆形示例")
turtle.screensize(500,400,"black")               #设置窗口大小及背景颜色
turtle.speed("fastest")                          #定义绘图的速度(fastest 或者为
                                                  0,均表示最快)

colors=["red","blue","green","yellow","white"]   #红、蓝、绿、黄、白五种颜色
for i in range(150):                             #i 取值为 0～149
    turtle.pencolor(colors[i%5])                 #设置画笔颜色(红或蓝或绿或黄或白)
    turtle.circle(i)                             #画圆
    turtle.left(91)                              #设置画笔向左旋转 91°
turtle.hideturtle()                              #隐藏画笔
```

运行结果如图 7.9 所示。

图 7.9　绘制圆形示例

【例 7.3】　绘制"一颗心"图形示例

```python
import turtle
turtle.title("绘制一颗心")
turtle.color("red","pink")                              #设置画笔绘制颜色和背景区域填充颜色
turtle.pensize(1)                                       #设置画笔宽度
turtle.begin_fill()                                     #开始设置填充区域
turtle.left(135)                                        #向左旋转角度
turtle.forward(100)                                     #向前行进绘制
turtle.right(180)                                       #向右旋转角度
turtle.circle(50,-180)                                  #在小海龟右侧绘制弧形
turtle.left(90)
turtle.circle(50,-180)
turtle.right(180)
turtle.forward(100)
turtle.end_fill()                                       #结束填充区域
turtle.up()
turtle.goto(-45,80)                                     #移动画笔到坐标(-45,80)位置
turtle.write("I love you",font=("隶书",14))            #输出字符内容,并设置字体格式
turtle.hideturtle()                                     #隐藏画笔
```

运行结果如图 7.10 所示。

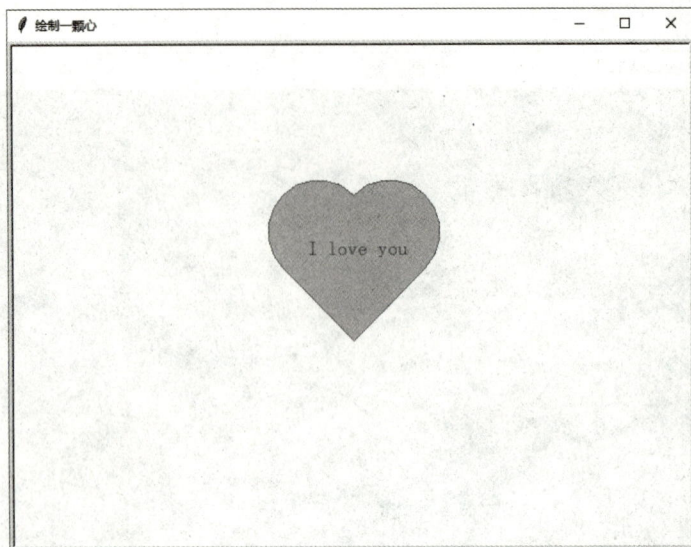

图 7.10   绘制"一颗心"图形示例

【例 7.4】   绘制"一棵树"图形示例。

```python
import turtle as t
def tree(length,level):
    if level<=0:
        return
    t.penup()
    t.forward(length)
    t.pendown()
    t.left(45)
    tree(0.6*length,level-1)          #绘制左侧树形
    t.right(90)
    tree(0.6*length,level-1)          #绘制右侧树形
    t.left(45)
    t.backward(length)
    return
t.title("树的图形绘制示例")
t.pensize(2)
t.color("green")
t.left(90)
tree(100,6)
t.hideturtle()
```

运行结果如图 7.11 所示。

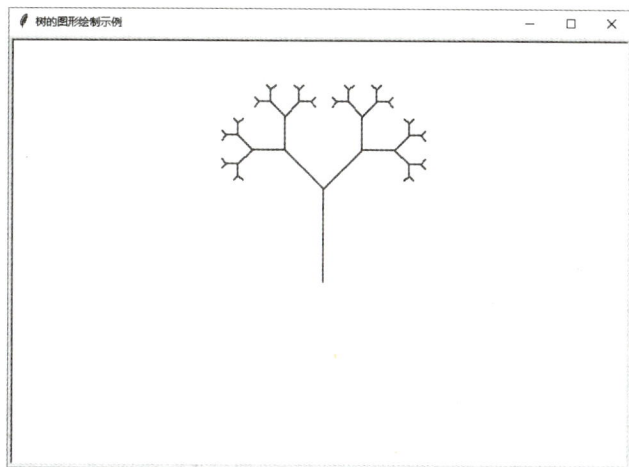

图 7.11　绘制"一棵树"图形示例

7.3　random 库和随机数

random 库包含各种随机数生成函数,以及各种根据概率分布生成随机数的函数。表 7.1 列出了常用的 random 库随机生成函数。

表 7.1　常用的 random 库随机生成函数

函 数 名	说　　　明
seed(x)	初始化随机数种子,x 用于改变随机数生成器种子
random()	生成一个[0.0,1.0)之间的随机小数
randint(a,b)	生成一个[a,b]之间的整数
getrandbits(k)	生成一个 k 比特长度的随机整数
randrange(start,stop[,step])	生成一个[start,stop]之间以 step 为步数的随机整数
uniform(a,b)	生成[a,b]之间的随机小数
choice(seq)	从序列类型(例如列表)中随机返回一个元素
shuffle(seq)	将序列类型中的元素随机排列,返回打乱后的序列
sample(pop,k)	从 pop 类型中随机选取 k 个元素,以列表类型返回

1. seed()函数

seed()函数为随机序列确定种子。

语法格式如下:

```
random.seed(s)                                    #s表示随机数种子,一个整数或浮点数
```

说明:设置随机数种子的好处是可以准确复现随机数序列,用于重复程序的运行轨迹。对于仅使用随机数但不需要复现的情形,可以不用设置随机数种子。如果没有设置随机数种子,则使用随机数生成函数前,将默认以当前系统的运行时间为种子产生随机序列。

2. random（）函数

random()函数用来生成[0.0,1.0]之间的随机小数。

语法格式如下：

```
random.random()                              #不带参数
```

例如：

```
>>> import random
>>>random.seed(10)                           #第1次设置随机数种子
>>> random.random()                          #第1次使用随机产生函数
0.5714025946899135                           #第1次随机产生数
>>> random.random()                          #第2次使用随机产生函数
0.4288890546751146                           #第2次随机产生数
>>> random.seed(10)                          #第2次设置相同的随机数种子
>>> random.random()                          #第3次使用随机产生函数
0.5714025946899135                           #与第1次随机产生数相同
>>> random.random()                          #第4次使用随机产生函数
0.4288890546751146                           #与第2次随机产生数相同
```

3. randint（）函数

randint()函数用来生成[a,b]之间的随机整数。

语法格式如下：

```
random.randint(a,b)                          #a,b 为两个自然整数
```

例如：

```
>>> import random
>>> random.randint(2,10)                     #随机产生一个 2~10 的整数
2                                            #随机产生一个数为 2
```

4. getrandbits（）函数

getrandbits()函数用来生成一个 k 比特长度的随机整数。

语法格式如下：

```
random. getrandbits(k)                       #k 表示二进制数的长度
```

例如：

```
>>> import random
>>> random.getrandbits(20)                   #产生一个 20bit 的随机整数
485050
>>> len(bin(485050))                         #转换为二进制数并求二进制位数,含前导符 0b
21
```

5. randrange（）函数

randrange()函数用来生成一个随机整数。

语法格式如下：

```
random.randrange(start,stop[,step])    #生成一个从 start 到 stop 之间以 step 为步数的
                                         随机整数。start 表示开始的一个整数,stop 表示
                                         结束的一个整数,step 表示步数
```

例如:

```
>>> import random
>>> random.randrange(10,50,5)           #生成一个 10~50 且步长为 5 的整数
35
```

6. uniform()函数

uniform()函数用来生成一个随机小数。

语法格式如下:

```
random. uniform (a,b)                    #生成一个 a~b 的随机小数,a 和 b 可以是小数或整数
```

例如:

```
>>> import random
>>> random.uniform(1,9)                  #生成一个 1~9 的随机小数
7.075317155855828
```

7. choice()函数

choice()函数用来从序列类型中随机返回一个元素。

语法格式如下:

```
random. choice (seq)                     #seq 可以是列表、元组和字符串
```

例如:

```
>>> import random
>>> random.choice("I like Python")      #从字符串内容随机返回一个字符
'n'
>>> import random
>>> random.choice(["123","245","356"])   #从列表中随机返回一个元素
'245'
>>> import random
>>> random.choice(("abc","cde","fgh"))   #从元组中随机返回一个元素
'fgh'
```

8. shuffle()函数

shuffle()函数用来将序列类型中的元素随机排列,并返回打乱后的序列。

语法格式如下:

```
random.shuffle(seq)                      #seq 为一个列表变量
```

例如:

```
>>> import random
>>> seq=["1","2","3","4","5"]            #seq 为一个列表变量
```

```
>>> random.shuffle(seq)                    #将 seq 变量中的内容打乱
>>> seq                                     #输出打乱后的列表内容
    ['1', '2', '5', '4', '3']
```

9. sample()函数

sample()函数用来从指定的序列类型中,随机返回指定个数的元素内容。

语法格式如下:

random.sample(seq,k)   #从 seq 中随机返回 k 个元素,seq 的元素不能少于 k 个。seq 可以是
集合、元组、列表和字符串等

例如:

```
>>> import random
>>> random.sample({1,2,3,4,5},3)                        #从集合中随机返回 3 个元素
[2, 5, 3]
>>> import random
>>> random.sample(("luo","li","huang","zhang","chen"),3)  #从元组中随机返回 3 个元素
['luo', 'chen', 'zhang']
>>> import random
>>> random.sample([110,119,120,114,122],3)              #从列表中随机返回 3 个元素
[119, 110, 120]
>>> import random
>>> random.sample("how are you",3)                      #从字符串中随机返回 3 个元素
['r', ' ', 'a']
```

【例 7.5】 随机数示例。

```
import random
cs=random.randrange(1,50)                      #随机产生一个 1~50 的整数
guess=0                                        #初始化 guess 为 0
while guess!=cs:                               #循环判断
    guess=int(input("请猜测一个 50 以内的数:"))  #输入猜的数
    if (guess<cs): print("太小了!")            #判断数字太小
    elif (guess>cs): print("太大了!")          #判断数字太大
    else: print("恭喜您,猜中了!")               #判断数字被猜中
```

运行结果如图 7.12 所示。

```
请猜测一个50以内的数: 15
太小了!
请猜测一个50以内的数: 25
太小了!
请猜测一个50以内的数: 30
太大了!
请猜测一个50以内的数: 27
太小了!
请猜测一个50以内的数: 28
恭喜您,猜中了!
>>>
```

图 7.12　随机数示例

7.4　datetime 库

datetime 库用于包含表示日期的 date 对象、表示时间的 time 对象和表示日期时间的 datetime 对象。

datetime 库包含 datetime.MINYEAR 和 datetime.MAXYEAR 两个常量,用于表示最小年份和最大年份,最小年份为 1,最大年份为 9999。

1. today()函数

today()函数用于返回当前日期的 date 对象,通过其对象实例可以获取年、月、日等信息。

语法格式如下:

```
datetime.date.today()                              #获取当前日期
```

例如:

```
>>>import datetime
>>> datetime.date.today()
datetime.date(2020, 7, 14)
```

2. now()函数

now()函数用于返回当前日期时间的 datetime 对象,通过其对象实例可以获取年、月、日、时、分、秒等信息。

语法格式如下:

```
datetime.datetime.now()                            #获取当前日期时间
```

例如:

```
>>>import datetime
>>> datetime.datetime.now()
datetime.datetime(2020, 7, 14, 17, 41, 46, 67959)
```

【例 7.6】 datetime 库应用示例。

```
import datetime
da=datetime.date.today()
dt=datetime.datetime.now()
print("当前的日期是: %s"%da)
print("当前的日期和时间是:%s"%dt)
print("当前的年份是:%s"%dt.year)
print("当前的月份是:%s"%dt.month)
print("当前的日期是:%s"%dt.day)
print("mm/dd/yyyy 格式是:%s/%s/%s"%(dt.month,dt.day,dt.year))
print("当前小时是:%s"%dt.hour)
print("当前分钟是:%s"%dt.minute)
print("当前秒是:%s" %dt.second)
```

运行结果如图 7.13 所示。

```
当前的日期是：2020-07-14
当前的日期和时间是：2020-07-14 17:43:12.146543
当前的年份是：2020
当前的月份是：7
当前的日期是：14
mm/dd/yyyy格式是：7/14/2020
当前小时是：17
当前分钟是：43
当前秒是：12
>>>
```

图 7.13　datetime 库应用示例

7.5　Matplotlib 库

Matplotlib 是一套面向对象的绘图库，主要使用了 Matplotlib.pyplot 工具包，其绘制的图表中的每个绘制元素（如线条、文字等）都是对象。Matplotlib 库配合 NumPy 库使用，可以实现科学计算结果的可视化显示。Matplotlib 是第三方库，如果使用的是标准的 Python 开发环境，需要在命令行下使用 pip 工具进行安装，安装命令如下：

```
pip install Matplotlib
```

安装完毕后，测试 Matplotlib 是否安装成功。可以在命令行下进入 Python 的 REPL 环境，然后输入导入语句：import matplotlib.pyplot，如果没有提示错误，说明 Matplotlib 库已经安装成功，如图 7.14 所示。

```
>>> import matplotlib.pyplot
>>>
```

图 7.14　Matplotlib 库安装成功

如果使用的是 Anaconda Python 开发环境，那么 Matplotlib 库已经被集成进 Anaconda，并不需要单独安装使用。

有关 Matplotlib 库的更多知识介绍，请访问 http://www.matplotlib.org/。

【例 7.7】　使用 plot()函数绘制 x 轴坐标值为 0、1、2、3、4、5 所对应的 y 轴坐标值为 1、2、5、6、9、8 的折线图。

```
import matplotlib.pyplot as plt
#在 Anaconda 环境下用于解决负数显示为方块的问题
#plt.rcParams["axes.unicode_minus"]=False
#设置字体为 SimHei，用于解决中文显示为方块的问题
plt.rcParams["font.sans-serif"] = ["SimHei"]
plt.plot([1,2,5,6,9,8])              #设置 y 轴坐标为 1、2、5、6、9、8 的折线图
plt.ylabel("y 坐标")                 #为 y 轴加注释
plt.xlabel("x 坐标")                 #为 x 轴加注释
plt.show()                           #显示图形
```

运行结果如图 7.15 所示。

说明：plot(y)函数，当 y 为向量时，是以 y 的分量为纵坐标，以元素序号为横坐标，用直线依次连接数据点，绘制折线。

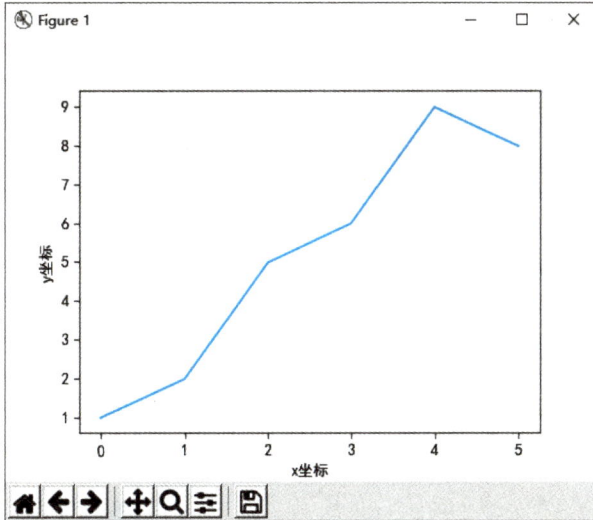

图 7.15 用 plot(y)函数绘制折线

【例 7.8】 用 scatter()函数绘制随机点。

```
import random
import matplotlib.pyplot as plt
count=100
X=[]                                      #创建空列表 X
Y=[]                                      #创建空列表 Y
for i in range(count):
    X.append(random.random() * 100)       #随机产生 100 个点的 x 坐标值
for j in range(count):
    Y.append(random.random() * 100)       #随机产生 100 个点的 y 坐标值

plt.scatter(X,Y)                          #绘制随机产生的 100 个点
plt.show()
```

运行结果如图 7.16 所示。

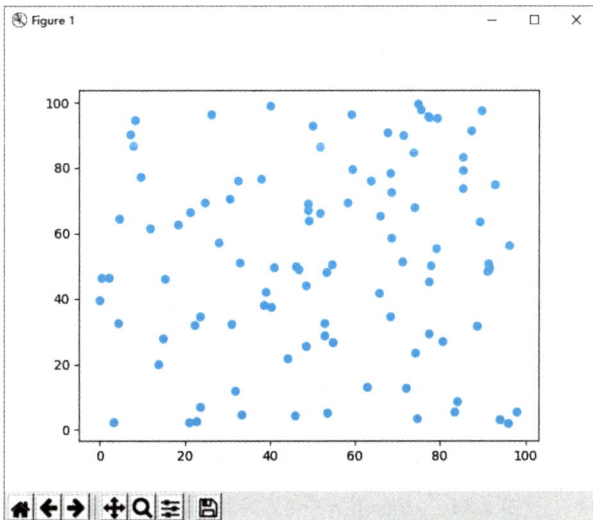

图 7.16 使用 scatter（x,y）函数绘制 100 个随机点

说明：scatter(x,y)函数，用于描绘散点图。x 和 y 是数据向量，以 x 中的数据为横坐标，以 y 中的数据为纵坐标描绘散点图，点的形状默认使用实心圈。

【例 7.9】 使用 bar()函数绘制柱形图。

```
import matplotlib.pyplot as plt
#[60,70,80,90,100]表示 x 坐标系列, [30,35,40,45,50]表示 y 坐标系列
#width 表示柱的宽度
plt.bar([60,70,80,90,100],[30,35,40,45,50],width=5)
plt.show()                                        #显示图形
```

运行结果如图 7.17 所示。

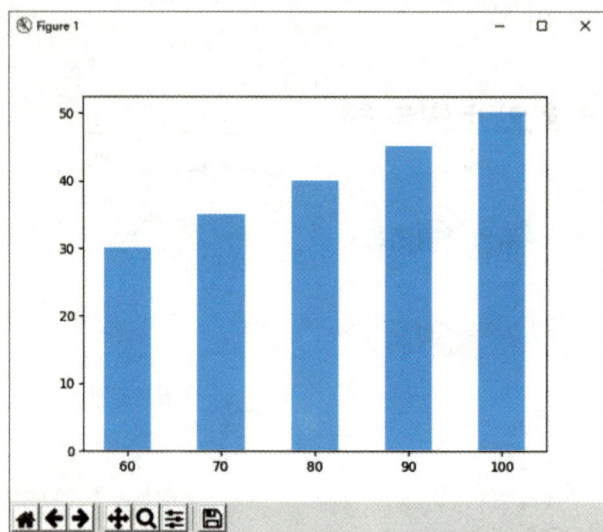

图 7.17 使用 bar()函数绘制柱形图

说明：bar(x,y,width)函数，以 x 中的数据为横坐标，以 y 中的数据为纵坐标描绘柱形图，并根据宽度 width 值设置柱的宽度，默认值为 0.8，大于 0.8 时会相互重叠，如图 7.18 所示。

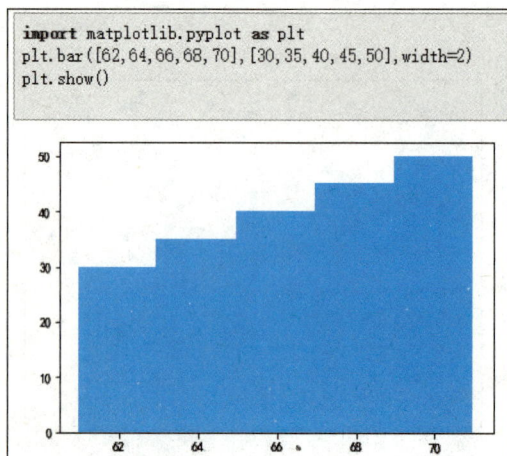

```
import matplotlib.pyplot as plt
plt.bar([62,64,66,68,70],[30,35,40,45,50],width=2)
plt.show()
```

图 7.18 width 值大于 0.8 时，柱块相互重叠

【例 7.10】　使用 pie()函数绘制 4 个数据饼图。

```
import matplotlib.pyplot as plt
#设置字体为 SimHei,用于解决中文显示为方块的问题
plt.rcParams["font.sans-serif"] = ["SimHei"]
plt.title("饼图")                          #设置饼图标签
x= (1500,2300,3500,1000)                   #设置每个饼图块的数值
ex=[0,0,1,0]                               #设置饼图块是否向外突出,0 为不突出,1 为突出
labels={"10%","20%","30%","40%"}           #设置每个饼图块的所占比值
plt.pie(x,ex,labels)
plt.show()
```

运行结果如图 7.19 所示。

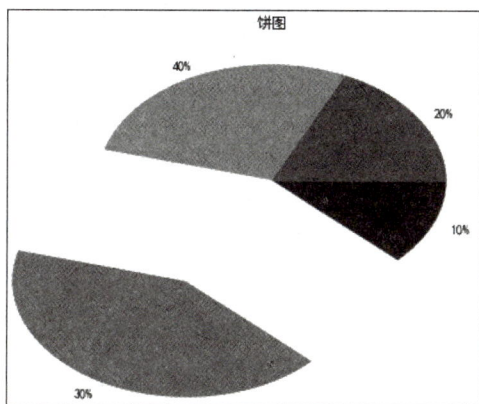

图 7.19　使用 pie()函数绘制饼图

说明：pie(x, explode, labels)函数用于绘制饼图。以 x 的值为各个分量绘制饼图，explode 与 x 有相同的维数，其中非零元素对应的向量 x 的分量在饼图中向外突出。explode 取值为 0 表示不突出,取值为 1 表示向外突出。

【例 7.11】　使用 hist()函数绘制 1000 个随机点分成 10 个 bins 的直方图。

```
import numpy as np
import matplotlib.pyplot as plt
arr=np.random.randn(1000)                  #随机产生 1000 个数
#绘制直方图,并将 1000 个数分成 10 个 bins,颜色为黑色,透明度为 0.9
plt.hist(arr,bins=10,facecolor="black",alpha=0.9)
plt.show()                                 #显示图形
```

运行结果,如图 7.20 所示。

说明：hist(arr, bins, facecolor, alpha)函数用于绘制直方图。arr 用于计算直方图的一维数组值,bins 是设置直方图的柱数(可选项,默认为 10)且用于查看直方图数据的区间范围,facecolor 用于设置直方图的颜色,alpha 用于设置直方图的透明度。

图 7.20 中产生的 10 个 bins 及区间范围如下。

```
array([-3.21179567, -2.59493894, -1.97808221, -1.36122548, -0.74436875,
       -0.12751202, 0.48934472, 1.10620145, 1.72305818, 2.33991491,
       2.95677164])
```

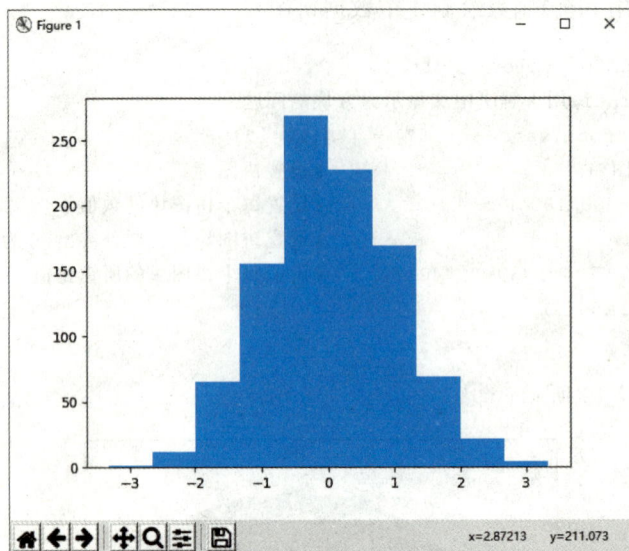

图 7.20　使用 hist（）函数绘制直方图

7.6　上机练习

1. 绘制分形树

打开 Python 编辑器，输入如下代码，保存为 7.12.py，并调试运行。

```python
import turtle
def main():                              #主函数
    turtle.left(90)
    turtle.penup()
    turtle.backward(150)
    turtle.pendown()
    turtle.color('brown')
    draw_branch(80)
    turtle.exitonclick()
def draw_branch(branch_length):          #绘制分形树
    if branch_length > 5:
        #绘制右侧树枝
        turtle.forward(branch_length)
        #print('向前 ', branch_length)
        turtle.right(20)
        #print('右转 20')
        draw_branch(branch_length - 15)
        #绘制左侧树枝
        turtle.left(40)
        #print('左转 40')
        draw_branch(branch_length - 15)
        #返回之前的树枝
```

```
        turtle.right(20)
        #print('右转 20')
        turtle.backward(branch_length)
        #print('向后 ', branch_length)
main() #程序入口,调用函数 main()
```

运行结果如图 7.21 所示。

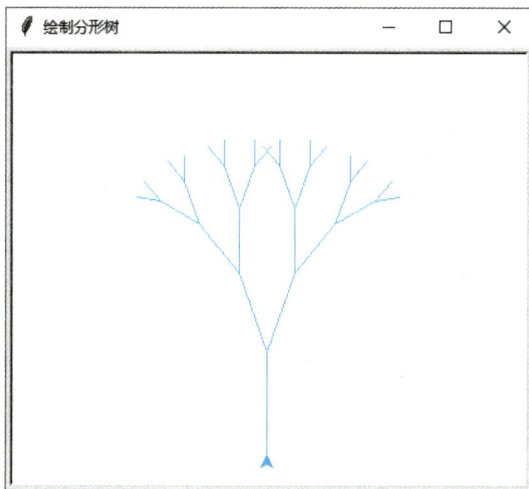

图 7.21　绘制分形树

2. 绘制正弦曲线

打开 Python 编辑器,输入如下代码,保存为 7.13.py,并调试运行。

```
import matplotlib.pyplot as plt
import numpy as np
import math
plt.rcParams["font.sans-serif"] = ["SimHei"]
plt.rcParams["axes.unicode_minus"]=False
x_value=np.arange(0.0,math.pi* 4,0.01)
y_value=np.sin(x_value)
plt.plot(x_value,y_value,linewidth=1.0)
plt.xlabel("x 坐标")
plt.ylabel("y 坐标:sin(x)")
plt.title("正弦曲线")
plt.grid(True)                    #显示网格
plt.savefig("sin.png")            #保存图片到当前目录下
plt.show()
```

运行结果如图 7.22 所示。

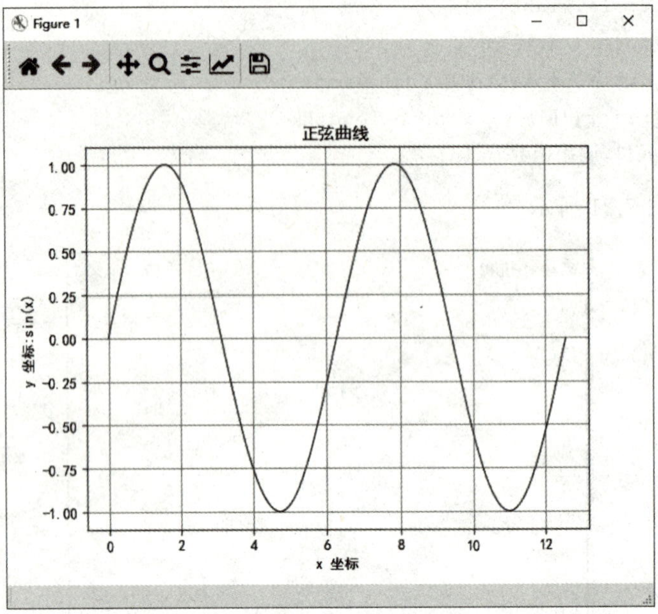

图 7.22　绘制正弦曲线

7.7　习题

1. 填空题

（1）在 Python 中_____库用于海龟绘图。

（2）在 Python 中_____库用于画布绘图。

（3）在 turtle 库中_____函数用于设置绘图窗口大小及背景颜色。

（4）_____函数设置画笔放下，之后，移动画笔开始绘制形状；_____函数用于设置画笔大小。

（5）_____函数与 turtle. begin_fill（）函数配对。在结束绘制拟填充背景图形后调用。

（6）_____函数清除当前窗口的图形，但不改变当前画笔的位置。

（7）用于向画布上输出字符的函数是_____。

（8）_____函数用来绘制一个弧形。

（9）random（）函数为生成_____之间的随机小数。

（10）_____函数为生成[a,b]之间的随机整数。

（11）_____函数为将序列类型中的元素随机排列，返回打乱后的序列。

（12）now（）函数用于返回当前日期时间的_____对象，通过其对象实例可以获取年、月、日、时、分、秒等信息。

2. 选择题

（1）下列选项不属于 Python 的库的是（　　）。

  A. turtle   B. JavaScript   C. jieba   D. time

（2）下列不是 Python 的第三方库的是（   ）。

    A. math   B. numpy   C. pandas   D. Matplotlib

（3）下列哪个不是 Python 中用于开发用户界面的第三方库的是（   ）。

    A. turtle   B. PyQt5   C. wxPython   D. PyGTK

（4）以下描述错误的是（   ）。

    A. random.randint(1,10)生成[1,10]之间的整数

    B. import random 可以不导入就能直接调用

    C. 安装第三方库的命令是 pip install 库名

    D. Python 是面向结构化语言

（5）关于 time 库的描述，以下选项中错误的是（   ）。

    A. time 库是 Python 中处理时间的标准库

    B. time 库提供获取系统时间并格式化输出功能

    C. time.sleep(s)的作用是休眠 s 秒

    D. time.perf_counter()返回一个固定的时间记数值

（6）以下选项中，修改 turtle 画笔颜色的函数是（   ）。

    A. pencolor()   B. seth()   C. colormode()   D. hk()

（7）下列函数中，不能改变 turtle 绘制方向的是（   ）。

    A. turtle.fd()   B. turtle.seth()   C. turtle.right()   D. turtle.circle()

（8）对于 turtle 绘图中颜色值的表示，以下选项中错误的是（   ）。

    A. "grey"   B. (190.202.212)   C. ECECEC   D. ♯ABABAB

3. 编程题

（1）使用 turtle 库的 turtle.fd()函数和 turtle.seth()函数绘制一个等边三角形，边长为 200 像素。

（2）使用 Matplotlib 库绘制 $y = \cos(x)$ 的函数曲线。

第 8 章　科学计算库 NumPy

Numpy 是一个开源的 Python 科学计算库,主要用于数组计算。Numpy 不是 Python 的标准库,所以在使用之前必须进行安装。如果使用的是 Anaconda 开发平台环境,那么 Numpy 已经集成到 Anaconda 环境中,不需要再进行安装;如果使用的是官方 Python 开发环境,则需要进行安装,可使用如下命令进行安装:

```
pip install numpy
```

安装完毕后,可以测试一下 Numpy 是否安装成功。可以在命令行下进入 Python 的 REPL 环境,然后输入导入语句:import numpy,如果没有提示错误,说明 Numpy 库已经安装成功。

8.1　Numpy ndarray 对象

Numpy 库最重要的一个特点就是 N 维数组对象,即 ndarray 对象,该对象具有向量算术运算能力和复杂的广播能力,可以执行一些科学计算。ndarray 对象中具有一些重要的常用属性,如表 8.1 所示。

表 8.1　ndarray 对象的常用属性

属性	说　　明
ndim	维度个数,如一维、二维、三维等
shape	数组的维度,如一个 2 行 3 列的数组,它的 shape 属性为(2,3)
size	数组元素的总个数,如 2 行 3 列数组的总个数为 6
dtype	数组中元素类型的对象
itemsize	数组中元素的字节大小,如元素类型为 int32 的数组有 4(32/8)个字节

例如:

```
>>>import numpy       #导入 numpy 库
>>>db1=numpy.arange(9).reshape(3,3)
#arange()函数用于生成一系列等差数字元素,默认等差为 1,reshape()函数用于重建
  几行几列的数组
>>>db1
array([[0,1,2],
       [3,4,5],
       [6,7,8]])
>>>db1.ndim           #数组的维度个数为 2,表示数组是一个二维数组
2
>>>db1.shape          #数组的维度为(3,3),表示数组是一个 3 行 3 列的数组
(3,3)
```

```
>>>db1.size          #数组元素的总个数为 9,表示数组中共有 9 个元素
9
>>>db1.dtype         #数组元素的类型 dtype('int32'),表示数组中的元素类型都是 int32
dtype('int32')
>>>db1.itemsize      #数组元素的字节大小为 4,表示数组中每个元素的大小都是 4 字节
4
```

8.2　创建 Numpy 数组

创建 Numpy 数组的方式有多种,其中最简单的方式是使用 array()函数来创建,在调用该函数时传入一个 Python 现有的类型即可,比如列表、元组。

例如:

```
>>>import numpy
>>>db2=numpy.array([1,2,3,4])        #向 array()函数传入列表类型,创建一维数组
>>>db2
array([1,2,3,4])
>>>db3=numpy.array([[1,2],[3,4]])    #向 array()函数传入列表类型,创建二维数组
>>>db3
array([[1,2],
       [3,4]])
```

除了可以使用 array()函数创建数组外,还可以使用 arange()函数来创建。

arange()函数用于创建一个等差数组。

语法格式如下:

```
numpy.arange(start, stop, step, dtype = None)
```

参数说明如下。

start:开始的数字,可选项,默认起始值为 0。

stop:结束的数字,但不包含该数字。

step:步长数字,可选项,默认步长为 1,如果指定了 step,则必须给出 start 值。

dtype:输出数组的类型。如果未给出 dtype,则从其他输入参数推断数据类型。

例如:

```
>>> numpy.arange(1,20,5)             #创建一个从 1 到 20 等差值为 5 的一维 Numpy 数组
array([1,6,11,16])
```

8.3　Numpy 数组运算

Numpy 数组可以直接进行运算,不需要进行循环遍历,即数组中的元素直接进行批量的算术运算,此过程称为矢量化运算。如果两个数组的维度不一样,则在进行算术运算时会出现广播机制。数组还支持使用算术运算符与标量进行运算。

1. 矢量化运算

在 Numpy 中,大小相等的数组之间的任何算术运算都会体现到数组的元素级运算,即

应用到位置相同的元素之间,运算后得到的结果组成一个新的数组,该结果中的元素位置与参加操作元素的位置是相同的,如图 8.1 所示。

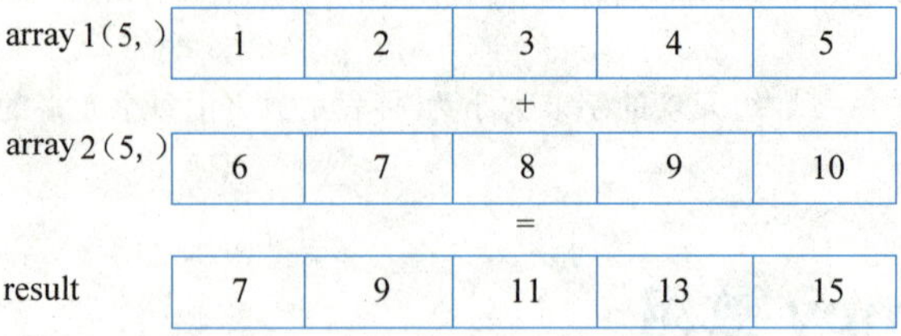

| array 1 (5,) | 1 | 2 | 3 | 4 | 5 |

+

| array 2 (5,) | 6 | 7 | 8 | 9 | 10 |

=

| result | 7 | 9 | 11 | 13 | 15 |

图 8.1 维度相同的数组加法运算

【例 8.1】 使用 array()函数创建两个一维数组,并对数组进行加、减、乘、除运算。

```
import numpy
db1=numpy.array([1,2,3])
db2=numpy.array([4,5,6])
result1=db1+db2                  #两个数组的元素相加
result2=db1-db2                  #两个数组的元素相减
result3=db1 * db2               #两个数组的元素相乘
result4=db1/db2                  #两个数组的元素相除
print("result1:{}\nresult2:{}\nresult3:{}\nresult4:{}".format(result1,result2,
result3,result4))
```

运行结果如图 8.2 所示。

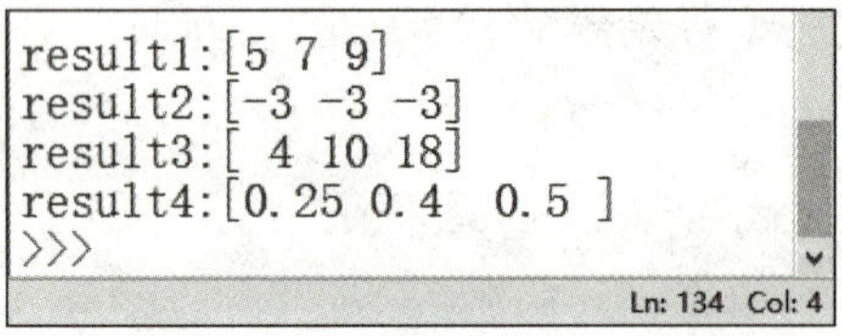

```
result1:[5 7 9]
result2:[-3 -3 -3]
result3:[ 4 10 18]
result4:[0.25 0.4  0.5 ]
>>>
                                          Ln: 134  Col: 4
```

图 8.2 相同维度数组的运算

2. 数组广播

Numpy 数组在进行向量化运算时,要求数组的维度一样。当维度不一样的数组进行算术运算时,则会进行广播机制处理,即对数组进行扩展,使数组的维度一样,再进行向量化运算。

例如:

```
>>>import numpy
>>>array1=numpy.array([[1],[2],[3]])
>>>array2=numpy.array([1,2,3])
>>>array1+array2
array([[2,3,4],
       [3,4,5],
       [4,5,6]])
```

上面代码中,array1 数组的维度为(3,1),即二维数组 3 行 1 列;array2 数组的维度为

(3,),即一维数组 1 行 3 列,这两个数组在进行相加运算时,由于维度不一样,会自动进行广播机制处理,将 array1 和 array2 数组都扩展为 3 行 3 列(array1 纵向扩展,array2 横向扩展),然后再进行向量化运算。

array1 和 array2 数组的扩展及运算过程如图 8.3 所示。

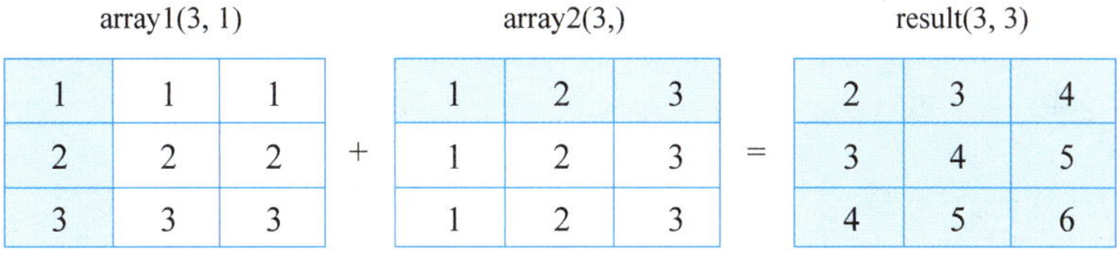
array1(3, 1)
array2(3,)
result(3, 3)
1 1 1
2 2 2
3 3 3
+
1 2 3
1 2 3
1 2 3
=
2 3 4
3 4 5
4 5 6

图 8.3　数组扩展

array1 数组进行纵向扩展,array2 数组进行横向扩展。不同维度的广播机制处理,必须满足下列条件之一。

(1) 数组的某一维度等长。

(2) 有一个数组的维度为 1。

3. 数组与标量进行运算

Numpy 数组可以与某个数字进行算术运算,此运算称为标量运算。标量运算会产生一个与数组具有相同维度的新矩阵,其原始矩阵的每个元素都会与该标量进行算术运算。

例如:

```
>>>db3=numpy.array([3,4,5])
>>>db3 * 2                              #数组中的每个元素都与 2 相乘
array([6,8,10])
```

【例 8.2】 使用 arange()函数创建一个 20 以内,步长为 4 的数组,并对数组进行加、减、乘、除运算及数组的平方运算。

```
import numpy
db1=numpy.arange(1,20,4)                #产生 1~20,步长为 4 的等差序列数字
result1=db1+2
result2=db1-2
result3=db1 * 2
result4=db1/2
db2=db1**2
print("产生的数组:{}\n 数组+2:{}\n 数组-2:{}\n 数组 * 2:{}\n 数组/2:{}\n 数组平方:{}"
.format(db1,result1,result2,result3,result4,db2))
```

运行结果如图 8.4 所示。

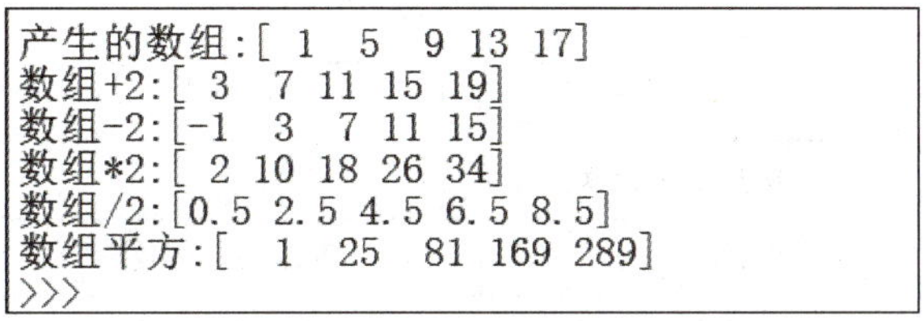
产生的数组:[1 5 9 13 17]
数组+2:[3 7 11 15 19]
数组-2:[-1 3 7 11 15]
数组*2:[2 10 18 26 34]
数组/2:[0.5 2.5 4.5 6.5 8.5]
数组平方:[1 25 81 169 289]
>>>

图 8.4　数组标量的运算

4. Numpy 数组的索引与切片

Numpy 数组的元素可以通过索引和切片进行访问和修改。对于一维数组元素索引和切片的方式与 Python 列表索引和切片一样。

例如：

```
>>>import numpy
>>>db4=numpy.arange(5)
>>>db4
array([0,1,2,3,4])
>>>db4[3]                        #获取索引为 3 的元素
3
>>>db4[2:5]                      #获取索引为 2~5 的元素,不包括 5
array([2,3,4])
>>>db4[1:5:2]                    #获取索引为 1~5 的元素,步长为 2
array([1,3])
```

对于二维数组元素的索引和切片与 Python 列表中的索引和切片不一样。在二维数组中每个索引位置上的元素代表的是一个一维数组,而不是具体的一个标量。

例如：

```
>>>import numpy
>>>db5=numpy.array([[1,2,3],[4,5,6],[7,8,9]])
>>>db5
array([[1,2,3],
       [4,5,6],
       [7,8,9]])
>>>db5[0]                        #获取索引为 0 的元素,即第一行元素
array([1,2,3])
>>>db5[0,2]                      #获取位于第 1 行第 2 列的元素
3
```

5. Numpy 中的数学函数

在 Numpy 中,提供了一些如 abs()、sqrt()等常见的数学函数,如表 8.2 所示。

表 8.2　常见的数学函数

函　　数	说　　　明
abs()	用于计算整数的绝对值
fabs()	用于计算实数的绝对值
sqrt()	用于计算各元素的平方根
square()	用于计算各元素的平方
exp()	用于计算元素的指数 e^x
ceil()	用于计算大于或等于该元素值的最小整数
floor()	用于计算小于或等于该元素值的最大整数

函　数	说　明
rint()	用于计算各元素四舍五入的最接近整数
modf()	用于将数组的小数和整数部分分成两个独立的数组形式并返回
log()、$\log_{10}$()、$\log_2$()	用于计算以 e 为底、以 10 为底和以 2 为底的自然对数
sign()	用于计算各元素的正负号,1(正数)、0(零)、−1(负数)

例如:

```
>>>import numpy
>>>db6=numpy.array([-3,-4])
>>>numpy.abs(db6)              #计算各元素的绝对值
array([3,4])
>>>db7=numpy.array([3,4])
>>>numpy.square(db7)          #计算各元素的平方
array([ 9,16], dtype=int32)
>>>db8=numpy.array([3.2,4.6])
>>>numpy.rint(db8)            #计算各元素四舍五入最接近的整数
array([3.,5.])
>>>db9=numpy.array([5.2,5.6])
>>>numpy.modf(db9)           #计算各元素的整数和小数部分
(array([0.2,0.6]), array([5.,5.]))
```

6. Numpy 中的统计函数

在 Numpy 中提供了一些与统计有关的常用函数,如计算极大值、极小值以及平均值等,常用的统计函数如表 8.3 所示。

表 8.3　常用的统计函数

函　数	说　明
sum()	用于计算各元素的累加和
mean()	用于计算各元素的平均值
min()	用于计算最小值元素
max()	用于计算最大值元素
argmin()	用于计算最小值元素的索引
argmax()	用于计算最大值元素的索引
cumsum()	用于计算所有元素的累计和
cumprod()	用于计算所有元素的累计积

例如:

```
>>>db10=numpy.array([1,2,3,4,5])
>>>numpy.sum(db10)            #计算各元素的和
```

```
15
>>>numpy.mean(db10)                    #计算各元素的平均值
3.0
>>>numpy.argmin(db10)                   #计算最小值元素的索引
0
>>>numpy.cumsum(db10)                   #计算各元素的累计和
array([ 1,3,6,10,15], dtype=int32)
>>>numpy.cumprod(db10)                  #计算各元素的累计积
array([ 1,2,6,24,120], dtype=int32)
```

7. Numpy 中的排序方法

在 Numpy 中提供了一个对数组元素进行排序的 sort()方法。

例如：

```
>>>import numpy
>>>db11=numpy.array([5,2,7,1,8])
>>>numpy.sort(db11)                     #对数组元素进行升序排列
array([1,2,5,7,8])
```

8.4 习题

1. 填空题

（1）在 Numpy 中,用于表示数组维度的属性是_____。

（2）在 Numpy 中,用于重建数组形状的函数是_____。

（3）在 Numpy 中,用于将数组元数的整数和小数分成两个独立数组的函数是_____。

（4）在 Numpy 中,如果两个数组的维度不相同,则它们进行算术运算时会出现_____机制。

（5）在 Numpy 中,数组之间的任何算术运算都会应用到_____。

2. 选择题

（1）下列选项用来表示数组元素总个数的是(   )。

　　A. ndim　　　　　　　B. shape　　　　　　　C. size　　　　　　　D. dtype

（2）下列选项用来创建一个 2 行 2 列数组的是(   )。

　　A. np.array([[1,2],[3,4]])　　　　　　B. np.array([1,2],[3,4])

　　C. np.array([[1,],[3,4]])　　　　　　 D. np.array((3,3))

（3）下面程序段输出的结果是(   )。

```
import numpy
array1=numpy.array([[1,2,3],[4,5,6]])
print(array1([1,2]))
```

　　A. 4　　　　　　　　　B. 2　　　　　　　　　C. 3　　　　　　　　　D. 1

（4）下面程序段输出的结果是(   )。

```
import numpy
array1=numpy.array([[2],[3],[4]])
```

```
print(array1**2)
```

A. [[4]
    [9]
    [16]]

B. [[4]
    [6]
    [8]]

C. [[4]
    [3]
    [4]]

D. [4]
    [9]
    [16]

(5) 下列函数用来对数组元素进行排序的是( )。

A. sort( )   B. cumsum( )   C. order( )   D. argmin( )

第9章　数据分析库 Pandas

Pandas 是一个基于 Numpy 的 Python 库,专门为了解决数据分析任务而创建,被广泛应用于统计、分析等领域中。Pandas 不是 Python 的标准库,所以在使用之前必须进行安装,安装方法参考第 8 章的 numpy 的安装方法。

9.1　Pandas 数据类型

Pandas 提供了两个重要的数据类型,分别是 Series 和 DataFrame。其中 Series 是一维的数据列表,DataFrame 是二维的数据集。

1. Series 数据类型

Series 其实就是对一个序列数据的封装。Series 对象可以在数据分析过程中获取,也可以单独创建,Series 中的序列数据可以是相同的数据类型,也可以是任意数据类型。Series 主要由序列数据和与之相关的索引两部分组成,图 9.1 是Series 对象的结构示意图,第 1 列是索引,第 2 列是数据。

Series 中的序列数据索引默认为数字,从 0 开始,也可以将其改为指定的索引名。

Series 创建方法如下:

```
Pandas.Series()
```

index	value
0	1
1	2
2	3
3	4

图 9.1　Series 对象结构示意图

例如:

```
>>>import pandas                          #导入 pandas 库
>>>s1=pandas.Series([10,20,30,40])        #创建相同数据类型的 Series 序列数据
>>>print(s1)                              #输出相同数据类型的 Series 序列数据
0    10
1    20
2    30
3    40
dtype: int64                              #数据类型为整型
>>>s2=pandas.Series([10,85.2,"luo","男",True])
                                          #创建不同数据类型的 Series 序列数据
>>>print(s2)                              #输出不同数据类型的 Series 序列数据
0       10
1       85.2
2       luo
3       男
4       True
dtype: object                             #数据类型为对象类型
#创建不同数据类型的 Series 序列数据,同时指定索引序号
>>>s3=pandas.Series([100,99.9,"li",False],index=["整型","实型","字符型","逻辑型"])
```

```
>>>print(s3)                         #输出不同数据类型的 Series 序列数据
整型        100
实型        99.9
字符型      li
逻辑型      False
dtype: object                        #数据类型为对象类型
>>>type(s3[0])                       #查看 Series 序列数据中的第 1 个元素类型
<class'int'>                         #整型
>>>type(s3[1])                       #查看 Series 序列数据中的第 2 个元素类型
<class'float'>                       #实型
>>>type(s3[2])                       #查看 Series 序列数据中的第 3 个元素类型
<class'str'>                         #字符型
>>>type(s3[3])                       #查看 Series 序列数据中的第 4 个元素类型
<class'bool'>                        #逻辑型
```

Series 对象提供了使用 index 属性获取索引值,使用 value 属性获取数据。

```
>>>import pandas
>>>s4=pandas.Series([11,95.2,"li","女",True])
>>>print(list(s4.index),s4.values)
[0,1,2,3,4] [11 95.2 'li' '女' True]
```

【例 9.1】 创建一个 Series 对象,并对 Series 对象数据进行输出。

打开 Python 编辑器,输入如下代码,保存为 9.1.py,并调试运行。

```
import pandas
student1=pandas.Series(["20190101","小明","1990-06-25","信息与计算科学"],
        index=["学号","姓名","出生日期","专业",])
print("{}:{}".format(student1.index[0],student1[0]))  #输出学号索引和学号
print("{}:{}".format(student1.index[1],student1[1]))  #输出姓名索引和姓名
print("{}:{}".format(student1.index[2],student1[2]))  #输出出生日期索引和出生日期
print("{}:{}".format(student1.index[3],student1[3]))  #输出专业索引和专业
```

运行结果如图 9.2 所示。

```
============= RESTART: D:/教材编写/中学生 Python程序设计基础/书上源码/9章源码/9.1.py =============
学号:20190101
姓名:小明
出生日期:1990-06-25
专业:信息与计算科学
>>>|
```

图 9.2　创建 Series 对象并输出其数据

2. DataFrame 数据类型

DataFrame 数据类型是一个二维数据表,DataFrame 对象可以在数据分析过程中获取,也可以单独创建。DataFrame 数据是由名称(键)和值组成,每一个名称(键)对应一列,与名称(键)对应的值是一个列表值,表示该列下的所有数据。图 9.3 为 DataFrame 对象的结构示意图,第 1 列(index)是行索引,第 1 行(a,b)是列索引。

可以使用 columns 参数指定列索引值,可通过 index

图 9.3　DataFrame 对象结构示意图

参数改变默认的行索引值。DataFrame 对象中的行、列索引默认为数字，从 0 开始，也可以将其改变为指定的索引名。

例如：

```
>>>import pandas                                          #导入 pandas 库
>>>s1=pandas. DataFrame ([[10,20,30,40],[50,60,70,80]])  #创建 DataFrame 类型对象
>>>print(s1)                                             #输出 DataFrame 数据
    0   1   2   3                                         #默认的列索引和行索引
0  10  20  30  40
1  50  60  70  80
dtype: int64                                             #数据类型为整型
>>>s2=pandas. DataFrame ([[10,20,30,40],[50,60,70,80]],index=["第 1 行","第 2 行"]
    ,columns=["第 1 列","第 2 列","第 3 列","第 4 列"])
>>>print(s2)
       第 1 列 第 2 列 第 3 列 第 4 列
第 1 行 10     20     30     40
第 2 行 50     60     70     80
```

【例 9.2】 创建一个 DataFrame 对象，并输出 DataFrame 对象数据。

打开 Python 编辑器，输入如下代码，保存为 9.2.py，并调试运行。

```
import pandas
#创建 DataFrame 对象
student1=pandas.DataFrame({
    "学号":["20171102","20180101", "20180102","20180103"],
    "姓名":["小马","小李", "小明","小张"],
    "出生日期":["1991-06-19","1990-06-25","1991-05-11","1990-10-16"],
    "专业":["大数据","信计","信管","电商"],
    "年龄":[22,19,20,21]})
print(student1)
```

运行结果为

```
     学号       姓名   出生日期         专业   年龄
0  20171102   小马   1991-06-19   大数据  22
1  20180101   小李   1990-06-25   信计   19
2  20180102   小明   1991-05-11   信管   20
3  20180103   小张   1990-10-16   电商   21
```

9.2 Pandas 算术运算与数据对齐

Pandas 执行算术运算时，会先按照索引进行对齐后再进行相应的运算，没有对齐的位置会用 NaN 进行填充。其中，Series 是按行索引对齐，DataFrame 是按行索引、列索引对齐。

【例 9.3】 创建两个 Series 对象，第一个 Series 对象为 data1，序列数据为 10、20、30、40，对应的索引为 a、b、c、d；第二个 Series 对象为 data2，序列数据为 1、2、3，对应的索引为 a、b、c，对这两个 Series 对象进行相加、相减、相乘和相除并输出。

打开 Python 编辑器,输入如下代码,保存为 9.3.py,并调试运行。

```
import pandas
data1=pandas.Series([10,20,30,40],index=["a","b","c","d"])
data2=pandas.Series([1,2,3],index=["a","b","c"])
print(data1+data2)                 #按相同的索引位置对齐,然后相加
print(data1-data2)                 #按相同的索引位置对齐,然后相减
print(data1 * data2)               #按相同的索引位置对齐,然后相乘
print(data1/data2)                 #按相同的索引位置对齐,然后相除
```

运行结果如图 9.4 所示。

```
============ RESTART: D:/教材编写/中学生 Python程序设计基础/书上源码/9章源码/9.3.py ============
a    11.0
b    22.0
c    33.0
d     NaN
dtype: float64
a     9.0
b    18.0
c    27.0
d     NaN
dtype: float64
a    10.0
b    40.0
c    90.0
d     NaN
dtype: float64
a    10.0
b    10.0
c    10.0
d     NaN
dtype: float64
>>>
```

图 9.4 Series 对象运算

9.3 Pandas 数据排序

由于 Pandas 中存放的是索引和数据的组合,所以对 Pandas 数据的排序,既可以按索引进行,也可以按数据进行。

1. 按索引排序

Pandas 中提供了按索引排序 sort_index()方法,即按索引号进行排序。

例如:

```
>>>import pandas
>>>series1=pandas.Series([10,12,5,7,8],index=["d","c","a","b","e"])
>>>series1
d    10
c    12
a     5
b     7
e     8
dtype: int64
>>>series1.sort_index()            #按索引进行升序排列
a     5
b     7
```

```
c    12
d    10
e     8
dtype: int64
```

若要按索引进行降序排列,只需要在 sort_index() 方法中添加 by 参数。取值为 False 表示降序,取值为 True 表示升序(默认值)。

例如:

```
>>>import pandas
>>>dataframe1=pandas.DataFrame([[10,12,5,7,8],[20,33,8,11,14]],
columns=["d","c","a","b","e"],index=['1行','2行'])
>>>dataframe1
    d   c  a   b   e
1行 10  12  5   7   8
2行 20  33  8  11  14
>>>dataframe1.sort_index(ascending=False)      #按行索引进行降序排列
    d   c  a   b   e
2行 20  33  8  11  14
1行 10  12  5   7   8
```

2. 按数据排序

Pandas 中提供了按数据排序 sort_values() 方法,即按值进行排序。
例如:

```
>>>import pandas
>>>series2=pandas.Series([10,12,5,7,8],index=["d","c","a","b","e"])
>>>series2
d    10
c    12
a     5
b     7
e     8
dtype: int64
>>>series2.sort_values()                        #按值进行升序排列
a     5
b     7
e     8
d    10
c    12
dtype: int64
```

若要将数据进行降序排列,需要在 sort_values() 方法中添加 by 参数,并将要排序的列索引传给它,如果要按此序列进行升序或降序排列,还需要添加 ascending 参数。取值为 False 表示降序,取值为 True 表示升序(默认值)。

例如:

```
>>>import pandas
```

```
>>>dataframe2=pandas.DataFrame([[10,12,5,7,8],[20,33,8,11,14]],
columns=["d","c","a","b","e"],index=['1行','2行'])
>>>dataframe2
     d   c   a   b   e
1行 10  12   5   7   8
2行 20  33   8  11  14
>>>dataframe2.sort_values(by='d',ascending=False)   #按 d 列值进行降序排列
     d   c   a   b   e
2行 20  33   8  11  14
1行 10  12   5   7   8
```

9.4　Pandas 常用计算函数

Pandas 提供了非常多的描述性统计分析函数,例如求最小值函数、求最大值函数、求平均值函数等,表 9.1 列出了 Pandas 的常用计算函数。

表 9.1　Pandas 常用计算函数

函　数	说　明
sum()	求和
mean()	求平均值
max()	求最大值
min()	求最小值
count()	统计非 NaN 值的个数
median()	求中位数
head()	获取前 N 个值
cumsum()	求累计和
cumprod()	求累计积
std()	求标准差
describe()	汇总统计,包括最大值、最小值等

例如:

```
>>>import pandas
>>>dataframe3=pandas.DataFrame([[1,2,3],[4,5,6]],columns=["a","b","c"])
>>>dataframe3
   a  b  c
0  1  2  3
1  4  5  6
dtype: int64
>>>dataframe3.sum()       #求每列的和,添加参数 axis=1 求每行的和,省略此参数,默认取
                          axis=0,求每列的和
   a    5
   b    7
```

```
        c    9
dtype: int64
>>>dataframe3.count()                          #求每列记录数
a    2
b    2
c    2
dtype: int64
>>>dataframe3.max()                            #求每列中的最大值
a    4
b    5
c    6
dtype: int64
```

如果要求每行的最大值或最小值,只要在最大值或最小值函数中添加 axis＝1 参数即可。例如:

```
>>>dataframe3.max(axis=1)                       #求每行的最大值
0    3
1    6
dtype: int64
```

9.5 Pandas 读写文件数据

Pandas 提供了可以对 CSV 文件和 Excel 文件的数据进行读写操作。

9.5.1 Pandas 读写 CSV 文件

CSV 文件是一种纯文本文件,可以使用任何文本编辑器进行编辑。在 Pandas 中对 CSV 文件数据进行读写,需要使用 read_csv()函数和 to_csv()函数,read_csv()函数用于读取数据,to_csv()函数用于写入数据。

1. to_csv()函数的使用

to_csv()函数的语法格式如下:

```
pandas.to_csv(path,sep=',',index=True)
```

path:指定文件的路径。

sep:指定数据的分隔符,默认用圆点"."分隔。

index:指定是否有行索引,取值为 True 表示有行索引(默认值),取值为 False,表示不显示行索引。

【例 9.4】 创建一个 DataFrame 对象数据,并将此写入 datacsv.csv 文件中。

打开 Python 编辑器,输入如下代码,保存为 9.4.py,并调试运行。

```
import pandas
data_csv=pandas.DataFrame({"one":[10,20,30],"two":[40,50,60]})
data_csv.to_csv("D:\\教材编写\\中学生 Python 程序设计基础\\书上源码\\9 章源码\\
datacsv.csv",index=False)
print("数据已写入,请打开文件查看!")
```

运行结果如图 9.5 所示，双击 datacsv.csv 文件将此文件打开，即可看到写入的数据，如图 9.6 所示。

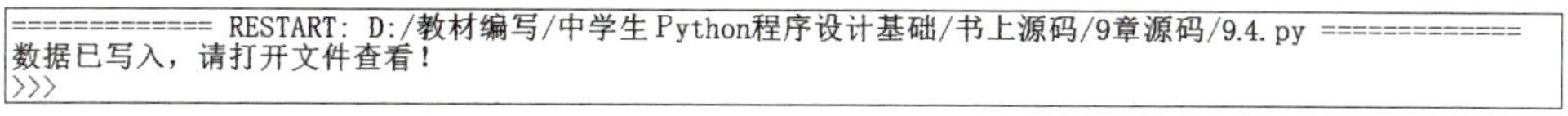
============= RESTART: D:/教材编写/中学生Python程序设计基础/书上源码/9章源码/9.4.py =============
数据已写入，请打开文件查看！
>>>

图 9.5　数据成功写入提示信息

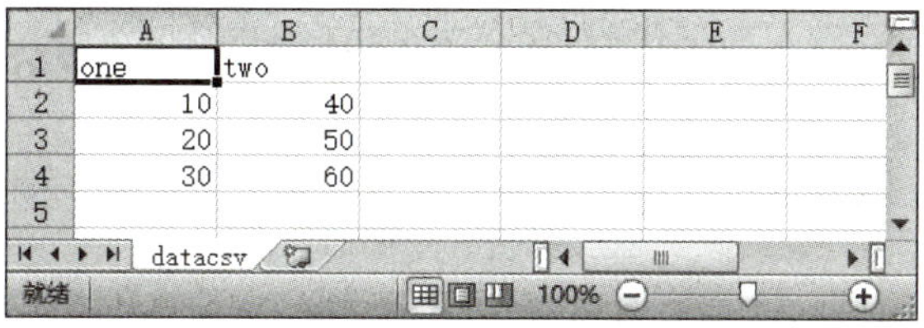
A B C D E F
1 one two
2 10 40
3 20 50
4 30 60
5
datacsv
就绪
100%

图 9.6　datacsv.csv 文件

2. read_csv ()函数的使用

read_csv()函数的语法格式如下：

```
pandas.read_csv(path,sep=',', encoding="gb2312")
```

path：指定文件的路径。

sep：指定数据的分隔符，默认用圆点(.)分隔。

encoding：指定数据编码格式，常用的编码格式有 gb2312、utf-8 等。

【例 9.5】　将例 9.4 的 datacsv.csv 文件中的数据读取输出。

打开 Python 编辑器，输入如下代码，保存为 9.5.py，并调试运行。

```
import pandas
data_csv=pandas.read_csv("D:\\教材编写\\中学生 Python 程序设计基础\\书上源码\\9 章源
码\\datacsv.csv",encoding="gb2312")
print(data_csv)
```

运行结果如图 9.7 所示。

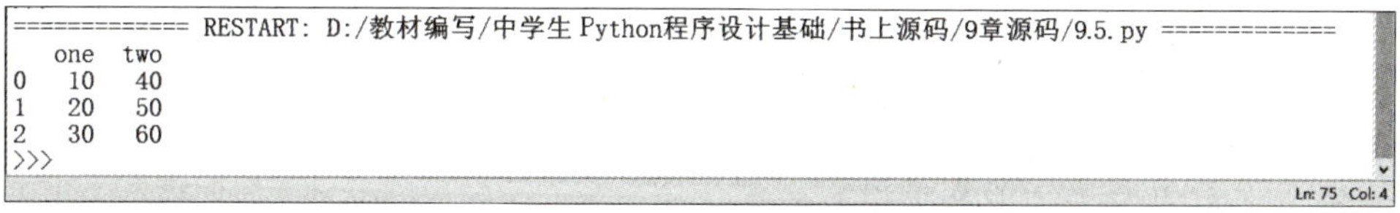
============= RESTART: D:/教材编写/中学生Python程序设计基础/书上源码/9章源码/9.5.py =============
one two
0 10 40
1 20 50
2 30 60
>>>
Ln: 75 Col: 4

图 9.7　读取 datacsv.csv 文件数据

9.5.2　Pandas 读写 Excel 文件

Excel 文件是一种二维表格，是比较常见的用于存储数据的方式，可以对数据进行统计、分析等操作。在 Pandas 中对 Excel 文件数据进行读写，需要使用 to_excel()函数和 read_excel()函数，read_excel ()函数用于读取数据，to_excel()函数用于写入数据。

1. to_excel ()函数的使用

to_excel()函数的语法格式如下：

```
pandas.to_excel(path,sheet_name="Sheet1",index=True)
```

path：指定文件的路径。

sheet_name：指定工作表名称，工作表名称可以是中文汉字。

index：指定是否有行索引，取值为 True 表示有行索引（默认值），取值为 False，表示不显示行索引。

【例 9.6】 创建一个 DataFrame 对象数据，并将此写入 dataxlsx.xlsx 文件中。

打开 Python 编辑器，输入如下代码，保存为 9.6.py，并调试运行。

```
import pandas
data_excel=pandas.DataFrame({"学号":["101","201","301"],"姓名":["张三","李四","王五"]})
data_excel.to_excel("D:\\教材编写\\中学生 Python 程序设计基础\\书上源码\\9 章源码\\dataxlsx.xlsx","信息表",index=False)
print("数据已写入 dataxlsx.xlsx 文件中,请打开查看!")
```

运行结果如图 9.8 所示，双击 dataxlsx.xlsx 文件将此文件打开，即可看到写入的数据如图 9.9 所示。

```
============= RESTART: D:/教材编写/中学生 Python程序设计基础/书上源码/9章源码/9.6.py =============
数据已写入 dataxlsx.xlsx文件中，请打开查看！
>>>
                                                                           Ln: 167  Col: 4
```

图 9.8　数据成功写入提示信息

```
============= RESTART: D:/教材编写/中学生 Python程序设计基础/书上源码/9章源码/9.7.py =============
     学号   姓名
0   101   张三
1   201   李四
2   301   王五
>>>
                                                                           Ln: 197  Col: 4
```

图 9.9　读取 dataxlsx.xlsx 文件数据

2. read_excel()函数的使用

read_excel()函数的语法格式如下：

```
pandas.read_excel(path,sheet_name="Sheet1")
```

path：指定文件的路径。

sheet_name：指定要读取的工作表名称。

【例 9.7】 将例 9.6 的 dataxlsx.xlsx 文件中的数据读取输出。

打开 Python 编辑器，输入如下代码，保存为 9.7.py，并调试运行。

```
import pandas
data_excel=pandas.read_excel("D:\\教材编写\\中学生 Python 程序设计基础\\书上源码\\9 章源码\\dataxlsx.xlsx","信息表")
print(data_excel)
```

运行结果如图 9.9 所示。

9.6 上机练习

打开 Ex01.CSV 文件,使用 Pandas 常用函数进行操作。

打开 Python 编辑器,输入如下代码,保存为 9.8.py,并调试运行。

```
import pandas                                    #导入 pandas 库
#读取指定路径下的文件 ex01.csv 数据,数据以逗号分隔,编码采用 gb2312
df=pandas.read_csv("D:\\教材编写\\中学生 Python 程序设计基础\\书上源码\\9 章源码\\
ex01.csv",sep=",",encoding="gb2312")
print(df)                                        #输出获取的 df 数据集
avg_year=df["年平均气温"]                         #获取 df 数据集中的年平均气温数据
print("-------------------------------------------------")
print("年最低平均气温:"+str(avg_year.min()))     #输出年最低平均气温
print("年最高平均气温:"+str(avg_year.max()))     #输出年最高平均气温
print("年总平均气温:"+str(avg_year.mean()))      #输出年总平均气温
print("年平均气温城市数:"+str(avg_year.count())) #输出年平均气温城市数
print("年平均气温总和:"+str(avg_year.sum()))     #输出年平均气温总和
print("年平均气温标准差:"+str(avg_year.std()))   #输出年平均气温标准差
print("-------------------------------------------------")
```

运行结果如图 9.10 所示。

```
============ RESTART: D:/教材编写/中学生Python程序设计基础/书上源码/9章源码/9.4.py ============
   城市  年平均气温   全年日照时数(hour)
0  北京   14.1      2344.1
1  天津   14.0      2265.6
2  长春    7.1      2674.5
3  上海   17.0      1612.6
------------------------------------------
年最低平均气温: 7.1
年最高平均气温: 17.0
年总平均气温: 13.05
年平均气温城市数: 4
年平均气温总和: 52.2
年平均气温标准差: 4.20356991139674
------------------------------------------
>>> |
                                                                      Ln: 705  Col: 4
```

图 9.10 Pandas 常用函数应用

9.7 习题

1. 填空题

(1) 在 Pandas 库中,用于计算累计和的函数是_____。

(2) 在 Pandas 库中,用来按数据进行排序的函数是_____。

(3) Series 是一个类似一维数组的对象,主要由一组数据和与之相关的_____两部分组成。

(4) Pandas 执行算术运算时,会按照索引进行对齐,对齐以后再进行相应的运算,没有对齐的位置会用_____补齐。

(5) 下面程序段输出的结果是_____。

```
import pandas as pd
```

```
da={"one":[9,8,7,6],"two":[3,2,1,0]}
a=pd.DataFrame(da)
print(a["one"][1])
```

2. 选择题

（1）a 是一个 ndarray 数组对象，下列选项（　　）是计算 a 中元素标准差的函数。

　　A. pandas.std(a)　　　　　　　　　　B. numpy.a.std()

　　C. numpy.random.std(a)　　　　　　D. a.std()

（2）关于 pandas 库的 DataFrame 对象，下列选项（　　）说法正确。

　　A. DataFrame 是二维带索引的数组，索引可以自定义

　　B. DataFrame 与二维 ndarray 类型在数据运算方法上一致

　　C. DataFrame 只能表示二维数据

　　D. DataFrame 由 2 个 Series 组成

（3）有如下代码：

```
import pandas as pd
a=pd.Series([9,8,7,6],index=['a','b','c','d'])
```

下列选项（　　）是 print(a.index)的结果。

　　A. [9,8,7,6]　　　　　　　　　　　B. ['a','b','c','d']

　　C. ('a','b','c','d')　　　　　　　　　D. index(['a','b','c','d'])

（4）有如下代码：

```
import pandas as pd
s=pd.Series(10,index=['a','b','c'])
```

关于变量 s，下列选项说法不正确的是（　　）。

　　A. 如果 index 部分省略，默认生成的索引是 0、1、2

　　B. s 是一个一维数组

　　C. s 中元素的索引分别是'a'、'b'、'c'

　　D. s 中每个元素的值是 10

（5）关于 Series 和 DataFrame 的理解，下列选项不正确的是（　　）。

　　A. DataFrame 表示带索引的二维数据

　　B. Series 和 DataFrame 之间不能进行运算

　　C. Series 表示带索引的一维数据

　　D. 可以像对待单一数据一样对待 Series 和 DataFrame 对象

3. 编程题

（1）使用 Pandas 创建一个 DataFrame 对象，并使用 to_csv()函数和 read_csv()函数进行写入与读取操作。

（2）使用 Pandas 创建一个 DataFrame 对象，并使用 to_excel()函数和 read_excel()函数进行写入与读取操作。

第 10 章 文　　件

10.1　文件概述

文件是存储在辅助存储器上的一组数据序列，可以包含任何数据内容。文件是数据的集合和抽象。文件主要包括二进制文件和文本文件两种。

10.1.1　文件的类型

二进制文件由二进制比特位 0 和 1 组成，没有统一的字符编码，文件内部数据的组织格式与文件用途有关。二进制是信息按照非字符但有特定格式形成的文件，如 png 格式的图片文件、avi 格式的视频文件。

文本文件一般由单一特定编码的字符组成，如 UTF-8 编码，内容易于统一展示和阅读。大部分文本文件都可以通过文本编辑软件或文字处理软件创建、修改和阅读。由于文本文件存在编码，所以它可以被看作存储在磁盘上的长字符串，如一个 txt 格式的文本文件。

二进制文件和文本文件的区别在于是否有统一的字符编码。二进制文件由于没有统一的字符编码，只能当作字节流，而不能看作字符串。

无论文件创建类型是二进制文件还是文本文件，都可以用文本文件方式和二进制文件方式打开，但打开后的操作不同。

10.1.2　文件的操作

Python 对二进制文件和文本文件采用统一的操作步骤：打开、操作和关闭。操作系统中的文件默认处于存储状态，若文件已存在，则将其打开，此时当前程序有权操作这个文件；若文件不存在且以只读方式打开，则提示异常错误信息。

若指定的文件存在且已被打开，则此时的文件处于占用状态，另一个进程不能操作这个文件。此时可以读取文件的内容或向文件写入内容，文件操作完毕后，需要将文件关闭，关闭将释放对文件的控制使用权，使文件恢复为存储状态，以便让其他进程访问。

1. 文件的打开函数 open()

在 Python 中，可通过 open() 函数打开文件，并返回一个操作这个文件的变量。

语法格式如下：

```
fp=open(name,mode)
```

name：文件名。

mode：打开文件的操作方式。

open() 函数提供 7 种文件打开方式，如表 10.1 所示。

表 10.1　open（）函数打开方式

打开方式	说　明
"r"	只读方式,若文件不存在,则返回 FileNotFoundError 信息
"w"	写入方式,若文件不存在则创建文件,若文件存在则覆盖文件原有内容
"x"	创建方式,若文件不存在则创建文件,若文件存在则返回 FileExistsError 信息
"a"	追加方式,若文件不存在则创建文件,若文件存在则在文件内容最后追加新内容
"b"	二进制文件方式
"t"	文本文件方式,默认值
"+"	与 r/w/x/a 一同使用,在原功能基础上增加同时读写功能

2. 文件关闭函数 close（）

当文件使用结束后需要用 close()方法关闭,释放文件的使用控制权。

语法格式如下:

```
文件变量名.close()
```

3. 文件的读写操作

打开文件后,即可利用 Python 提供的方法读取文件的内容。常用的读取方法见表 10.2。

表 10.2　文件读取方法

方　法	说　明
fp.read(size)	从文件中读入整个文件内容。size 为可选项,若给出,可读入该行之前的 size 长度的字符串或字节流
fp.feadline(size)	从文件中读入一行内容。size 为可选项,若给出,可读入该行的 size 长度的字符串或字节流

（1）读取文件 read()方法。在 Python 中,read()方法用于从文件中读取指定的字符数,如果未给出参数或参数值为负数,则读取文件所有内容。

语法格式如下:

```
fp=read(size)
```

size：指定用于读取文件内容的字符数。

【例 10.1】　对 luo3.txt 文本内容,以每行 5 个字符进行输出。

```
fp=open("D:\\教材编写\\中学生 Python 程序设计基础\\书上源码\\10 章源码\\luo3.txt","rt")
print(fp.read(5))
print(fp.read(5))
print(fp.read(5))
print(fp.read(5))
print(fp.read(5))
print(fp.read(5))
print(fp.read(5))
fp.close()
```

运行结果如图 10.1 所示。

```
=========== RESTART: D:/教材编写/中学生 Python程序设计基础/书上源码/10章源码/10.1.py ===========
江南可采莲
莲叶何田田
鱼戏莲叶间
鱼戏莲叶东
鱼戏莲叶西
鱼戏莲叶南
鱼戏莲叶北
>>>
                                                                              Ln: 306 Col: 5
```

图 10.1 以 5 个字符读取文本内容

（2）逐行读取文件 readline()方法。在 Python 中，readline()方法用于从文件中读取整行，包括"\n"字符。如果指定了一个非负数的参数，则读取文件中指定大小的字符，包括"\n"。

语法格式如下：

```
fp=readline(size)
```

size：指定用于读取文件内容的字符数。

【例 10.2】 对 luo4.txt 文本内容，以每行的方式进行输出，同时删除回车符。

```
fp=open("D:\\教材编写\\中学生 Python 程序设计基础\\书上源码\\10 章源码\\luo4.txt","rt")
print((fp.readline()).rstrip("\n"))     #rstrip("\n")用于删除回车符
print((fp.readline()).rstrip("\n"))
fp.close()
```

运行结果如图 10.2 所示。

```
=========== RESTART: D:/教材编写/中学生Python程序设计基础/书上源码/10章源码/10.2.py ===========
黄河远上白云间，一片孤城万仞山。
羌笛何须怨杨柳，春风不度玉门关。
>>>
                                                                              Ln: 323 Col: 4
```

图 10.2 以每行的方式读取文本内容

【例 10.3】 对 luo5.txt 文本内容进行遍历输出，同时删除每行的回车符。

```
fp=open("luo5.txt","rt")
for line in fp:
    row=line.rstrip('\n')               #删除每行后面的回车符
    print(row)                          #输出每行内容
fp.close()
```

运行结果如图 10.3 所示。

```
=========== RESTART: D:/教材编写/中学生Python程序设计基础/书上源码/10章源码/10.3.py ===========
关东有义士，兴兵讨群凶。初期会盟津，乃心在咸阳。
军合力不齐，踌躇而雁行。势利使人争，嗣还自相戕。
淮南弟称号，刻玺于北方。铠甲生虮虱，万姓以死亡。
白骨露於野，千里无鸡鸣。生民百遗一，念之断人肠。
>>>
                                                                              Ln: 329 Col: 4
```

图 10.3 对文本内容进行遍历输出

（3）字符串写入文件 write()方法。write()方法可将字符串内容写入文件中。

语法格式如下：

```
fp.write(s)                                      #向指定文件写入字符串 s
```

s：表示字符串内容。

【例 10.4】　向 luo6.txt 文件写入内容，并输出写入后的 luo6.txt 文件内容。

```
str="战气今如此，从军复几年。"
fp=open("D:\\教材编写\\中学生 Python 程序设计基础\\书上源码\\10章源码\\luo6.txt","r+")
                                                 #打开文件
fp.seek(2)                                       #设置当前指针为文件末尾处
fp.write(str)                                     #向文件写入字符串内容
fp.seek(0)                                        #设置当前指针为文件开始处
print(fp.read())                                  #读取文件内容并输出
fp.close()
```

运行结果如图 10.4 所示。

```
=========== RESTART: D:/教材编写/中学生 Python 程序设计基础/书上源码/10章源码/10.4.py ===========
关山三五月，客子忆秦川。
思妇高楼上，当窗应未眠。
星旗映疏勒，云阵上祁连。
战气今如此，从军复几年。
>>>
                                                                            Ln: 340  Col: 4
```

图 10.4　向文本文件写入内容并输出

10.2　关系数据库

常用的数据库模型包括层次模型、网状模型、关系模型和面向对象的数据模型。

关系模型具有完备的数学基础，简单灵活，易学易用，已经成为数据库的标准。目前流行的 DBMS 都是基于关系模型的关系数据库管理系统。

关系模型把世界看作是由实体和联系组成的。实体是指现实世界中具有一定特征或属性并与其他实体有联系的对象，在关系模型中实体通常是以表的形式来表现。表的每一行描述实体的一个实例，表的每一列描述实体的一个特征属性。

联系是指实体之间的对应关系，通过联系可以用一个实体的信息查找另一个实体的信息。联系可以分为以下三种。

(1) 一对一关系(1∶1)：如一个部门只能有一个经理，而一个经理只能在一个部门任职，部门和经理即为一对一的联系。

(2) 一对多关系(1∶N)：如一个部门有多名员工，而一名员工只能在一个部门工作，部门和员工为一对多的联系。

(3) 多对多关系(M∶N)：如一名学生可以选修多门课程，而一门课程可以有多名学生选修，学生和课程即为多对多关系。

数据表由行和列组成。列由同类性质的信息组成，又称为字段或属性；列的标题称为字段名。行是指包括若干列信息项的一行数据，也称为记录或元组。一个数据库由一个或多个数据表组成，一个数据表由一条或多条记录组成，没有记录的表称为空表。

每个数据表中通常有一个主关键字，用于识别一条不重复的记录。例如图 10.5 中"学号"字段即为主关键字。

A	B	C	D
学号	姓名	性别	专业
1001	小骆	男	信管一班
1002	小黄	女	信管一班
2001	小庄	女	电商一班
2002	小张	男	电商一班

图 10.5　数据表信息

10.2.1　Python 操作 MySQL 数据库

MySQL 是一个小型关系数据库管理系统，是目前比较流行的数据库管理系统。在 Python 中需要使用 pymysql 模块操作 MySQL 数据库。

如果使用 Anaconda 的 Python 编辑环境，则需要使用以下命令安装 pymysql 模块。

```
conda install pymysql
```

如果使用标准 Python 编辑环境，需要使用以下命令安装 pymysql 模块。

```
pip install pymysql
```

例如：

```
X:\Users\admin\AppData\Local\Programs\Python\Python36>pip install pymysql
Collecting pymysql Downloading
https://files.pythonhosted.org/packages/ed/39/15045ae46f2a123019aa968dfcba0396c161c
        20f855f11dea6796bcaae95/PyMySQL-0.8.3-py2.py3-none-any.whl (47kB)
100%|████████████████████████████████|
51kB 38kB/s
Installing collected packages: pymysql
Successfully installed pymysql-0.8.3
```

安装成功后，即可使用 import 导入 pymysql 库，如图 10.6 所示。

在连接 MySQL 数据库之前，需要保证完成以下工作。

```
>>> import pymysql
>>>
```

图 10.6　导入 pymysql 库

（1）安装 MySQL 服务器软件。MySQL 的官方网站为 https://www.mysql.com

（2）创建数据库。可以通过 MySQL-Front 管理工具创建数据库。MySQL-Front 是 MySQL 数据库服务器的前端管理工具，提供图像界面和 SQL 语句管理数据结构和数据。

使用 pymysql 模块操作 MySQL 数据库的步骤如下。

（1）导入 pymysql 库。

（2）使用 connect()函数建立数据库连接，返回 connection 对象。

```
con=pymysql.connect(connectstring)    #连接数据库，返回 sqlite3.connection 的连接对
                                        象 con，con 对象为当前和数据库的连接对象
```

其中，connectstring 是连接字符串。对于不同的数据库连接对象，其连接字符串的格式各不相同。MySQL 的连接字符串为(host="服务器名称",user="用户名",passwd="密码",database="数据库")。

（3）使用 cursor()方法创建游标对象。

```
cur=con.cursor()                                    #创建游标对象 cur
```

（4）使用 cursor 对象的 execute()方法来执行 SQL 命令并返回结果。

```
cur.execute(sql)                                    #执行 SQL 语句
```

（5）提交事务。游标执行 SQL 语句后，即可对数据库进行提交事务。

```
con.commit()                                        #提交事务
```

（6）关闭游标对象和数据库连接对象。事务提交后，即可关闭游标对象和连接对象。

```
cur.close()                                         #关闭游标对象
con.close()                                         #关闭数据库连接对象
```

10.2.2　Python 中常用的 SQL 语句

本节例题需要安装 mysql 前端管理工具（MySQL-Front_Setup.exe）才能进行操作。

1. 创建数据表 create table 语句

可以使用 create table 语句创建数据表，并指定该表中所有字段的字段名、字段类型、字段大小、是否允许为空以及是否为主键。语法格式如下：

```
CREATE table table_name (column_name1 data_type(size) [primary key] [not null],
                         column_name2 data_type(size) [primary key] [not null],
                         column_name3 data_type(size) [primary key] [not null],
                         ...
                         )
```

各选项含义如下。

table_name：指定创建数据表名。

column_name：指定数据表中字段的名称。

data_type：指定数据表中字段的数据类型。例如 varchar、integer、decimal、date 等。

size：指定数据表中字段的长度。

［primary key］：指定数据表中的字段是否为主键，字段为主键必须填写，反之可省略。

［not null］：指定数据表中的字段是否允许为空，字段允许为空必须填写，反之可省略。

2. 插入记录 insert into 语句

可以使用 insert into 语句向数据表中插入新记录，同时设置指定字段的值。语法格式如下。

```
Insert into table_name (field1,field2,field3,...) values(value1,value2,
value3,...)
```

各选项的含义如下。

table_name：指定要插入新记录的数据表名。

field：指定数据表中插入新记录的字段名。

values：指定数据表中新插入字段的具体值。

说明：

① 要求各字段值的顺序和数据类型必须与各字段名的顺序和数据类型相对应，否则会出现操作错误。

② 可以只给部分字段赋值，但是主键字段必须赋值。允许为空的字段名可以省略，但不允许为空的字段不能省略。

【例 10.5】 在数据库 mysql1.db 中创建 db1 表，并输入记录。

```
import pymysql                                              #导入 pymysql 库
con=pymysql.connect("host=localhost","user=root","passwd=mysql","database=
mysql1")
                                                           #创建数据库连接
cur=con.cursor()                                           #创建游标
#创建数据表结构
cur.execute("""
create table db1(学号 VARCHAR(5) primary key not null,
                姓名 VARCHAR(6) not null,
                性别 VARCHAR(2),
                年龄 CHAR(2),
                籍贯 VARCHAR(8))
            """)
#插入记录
cur.execute("""insert into db1 values("10001","李小龙","男",21,"惠安") """)
cur.execute("""insert into db1 values("10002","李小明","男",20,"同安") """)
cur.execute("""insert into db1 values("10003","李小花","女",22,"南安") """)
cur.execute("""insert into db1 values("10004","李小亮","男",20,"诏安") """)
cur.execute("""insert into db1 values("10005","李小美","女",21,"延安") """)
con.commit()                                               #提交事务
cur.close()                                                #关闭游标
con.close()                                                #关闭数据库连接
```

运行后，打 MySQL-Front 管理工具，展开 mysql1.db 数据库，选择 db1 表，单击"数据浏览器"按钮，显示结果如图 10.7 所示。

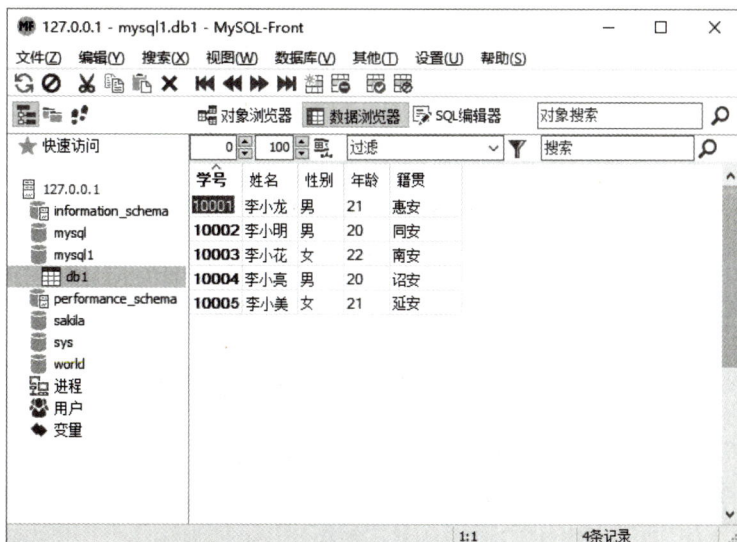

图 10.7 创建数据库并添加记录

3. 查询记录 select 语句

可以使用 select 语句从数据表中选择满足指定条件的记录。语法格式如下。

```
select [all|distinct|top n ] field1|[field1 as colum_name1,...] from table_name
[Where field1=value1] [group by field] [having where_condition] [order by field1,
filed2,...][asc|desc]
```

各选项的含义如下。

all：指定输出所有记录，包括重复记录。

distinct：指定输出无重复结果的记录。

top n：指定输出前 n 条记录。

field1|[field1 as colum_name]：指定输出的字段，如果要输出全部字段，可用"*"表示。在输出的结果中，如果不希望显示字段名，可以使用 as 设置一个显示名称。

from table_name：指定要查询的数据表名。

[Where field1= value1]：指定查询需要满足的条件，指定条件时必须填写，反之可省略。

[group by field]：指定查询结果按指定字段进行分组。指定分组时必须填写，反之可省略。

[having group_condition]：having 子句与 where 子句一样，也可以起到按条件选择记录的功能，但两个子句作用的对象不同。where 子句作用于表，而 having 子句作用于组，必须与 group by 子句连用，用来指定每一分组内应满足的条件。having 子句与 where 子句不矛盾，在查询中可先用 where 子句选择记录，然后进行分组，最后再用 having 子句选择记录。当然，group by 子句也可单独出现。

[order by field1,field2,...]：指定查询结果按指定的字段进行排序，指定字段排序时必须填写，反之可省略。

[asc|desc]：指定升序或降序。

举例如下。

（1）显示"学生信息"表中的所有信息。

```
select * from 学生信息
```

（2）显示"学生信息"表中前 5 条记录的学号和姓名。

```
select top 5 学号,姓名 from 学生信息
```

（3）在"学生信息"表中求出所有学生的平均入学分数。

```
select avg(入学分数) as 平均入学分数 from 学生信息
```

说明：avg(字段名)用于求该字段的平均值，sum(字段名)用于求该字段的和，max(字段名)用于求该字段的最大值，min(字段名)用于求该字段的最小值，count(字段名)用于求该字段的个数。

（4）显示"学生信息"表中入学分数在 600 分以上的学生记录。

```
select * from 学生信息 where 入学分数>600
```

（5）显示"学生信息"表中入学分数在 560～600 分之间的学生学号，姓名和入学分数。

```
select 学号,姓名,入学分数 from 学生信息 where 入学分数 between 560 and 600
```

（6）显示"学生信息"表中姓名含有"明"的学生学号和姓名。

```
select 学号,姓名 from 学生信息 where 姓名 like '%明%'
```

（7）对"学生信息"表，按性别顺序输出学生的学号、姓名、性别、年龄、籍贯，性别相同的按年龄由大到小排序。

```
select 学号,姓名,性别,year(date())-year(出生日期) as 年龄,籍贯 from 学生信息 order
by 性别,year(date())-year(出生日期) desc
```

（8）统计"学生信息"表中的男女生人数。

```
select 性别,count(*) as 人数 from 学生信息 group by 性别
```

（9）统计"学生信息"表中男女生的党员人数。

```
select 性别,count(*) as 人数 from 学生信息 where 政治面貌="党员" group by
性别
```

（10）显示"学生信息"表中平均考试成绩大于 70 分的课程号、平均考试成绩，并按平均考试成绩降序排序。

```
select 课程号,avg(成绩) as 平均考试成绩 from 学生成绩 group by 课程号 having avg(成绩)
>=70 order by avg(成绩) desc
```

【例 10.6】　在数据库 mysql1.db 中查询 db1 表的记录。

```
import pymysql                                            #导入 pymysql 库
con=pymysql.connect("host=localhost","user=root","passwd=mysql","database=
mysql1")                                                 #创建数据库连接
cur=con.cursor()                                         #创建游标
data=cur.execute("""select * from db1""")                #查询并返回记录集
names=[f[0] for f in cur.description]                    #循环获得字段名
for row in cur.fetchall():        #循环获得查询结果集的行
    for pair in zip(names,row):   #循环将 names 元素与 row 元素打包成一个元组(tuple)
        print("%s:%s"%pair)       #输出每个元组
    print("\n")
print("总共"+str(data)+"条记录!")
con.commit()                                             #提交事务
cur.close()                                              #关闭游标
con.close()                                              #关闭数据库连接
```

运行后结果如图 10.8 所示。

4. 更新记录 update 语句

可以使用 update 语句更新数据表中的数据。语法格式如下。

```
update table_name set field1=value1[,field 2=value 2,...][Where some_field=some_value]
```

各选项的含义如下。

table_name：指定要更新数据的数据表名。

field=value：用 value 值代替对应 field 字段的值，并且一次可以修改多个字段。

```
=========== RESTART: D:/教材编写/中学生Python 程序设计基础/书上源码/10章源码/10.6.py ===========
学号:10001
姓名:李小龙
性别:男
年龄:21
籍贯:惠安

学号:10002
姓名:李小明
性别:男
年龄:20
籍贯:同安

学号:10003
姓名:李小花
性别:女
年龄:22
籍贯:南安

学号:10004
姓名:李小兑
性别:男
年龄:20
籍贯:诏安

总共4条记录!
>>>
                                                                Ln: 483  Col: 4
```

图 10.8　查询 db1 表的记录

[Where some_field＝some_value]：指定被更新记录字段所满足的条件，指定条件时必须填写，反之可省略。

说明：Where 条件用来指定更新数据的范围，如果省略 Where 条件则将更新数据库表中的所有记录。

【例 10.7】　在数据库 mysql1.db 中，将 db2 表中学号为 10001 的姓名改为"李小英"，性别改为"女"，籍贯改为"晋江"。

```
import pymysql                          #导入 pymysql 库
con=pymysql.connect("host=localhost","user=root","passwd=mysql","database=
mysql1")
cur=con.cursor()
#将学号为 10001 的姓名改为李小英,性别改为女,籍贯改为晋江
cur.execute('''
update db2 set 姓名="李小英",性别="女",籍贯="晋江" where 学号="10001"
''')
con.commit()
cur.close()
con.close()
```

运行后，打开 MySQL-Front 管理工具，展开 mysql1.db 数据库，选择 db2 表，单击"数据浏览器"按钮，显示结果如图 10.9 所示。

5. 删除记录 delete 语句

可以使用 delete 语句删除数据表中的记录，其语法格式如下。

```
delete from table_name [Where field1=value1]
```

各选项的含义如下。

table_name：指定要删除数据的数据表名。

[Where field1＝ value1]：指定被删除的记录应满足的条件，指定条件时必须填写，反之可省略。

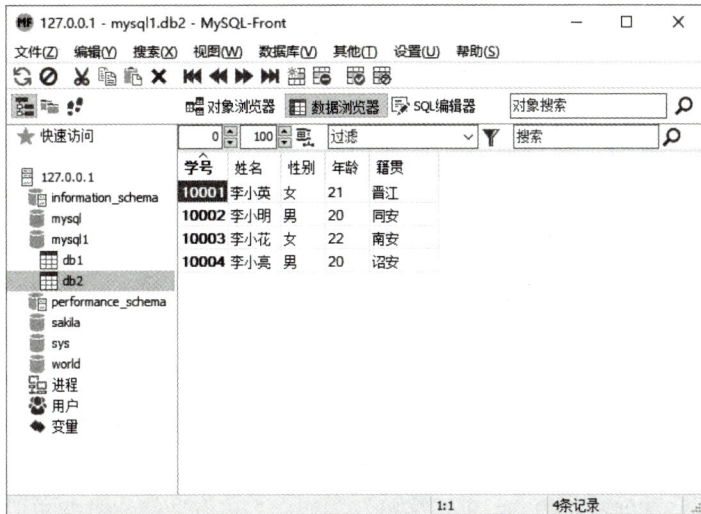

图 10.9 修改学号为 10001 的记录

说明：如果设定了 Where 条件，那么只要符合条件的记录都会被删除。如果没有符合条件的记录，则不删除；如果在使用 Delete 语句时不设定 Where 条件，则删除整个数据表记录。

【例 10.8】 在数据库 mysql1.db 中，将 db3 表中性别为"女"的记录删除。

```
import pymysql                                      #导入 pymysql 库
con=pymysql.connect("host=localhost","user=root","passwd=mysql","database=
mysql1")
cur=con.cursor()
cur.execute('''delete from db3 where 性别="女"''')    #将性别为女的记录删除
con.commit()
cur.close()
con.close()
```

运行后，打开 MySQL-Front 管理工具，展开 mysql1.db 数据库，选择 db3 表，单击"数据浏览器"按钮，显示如图 10.10 所示。

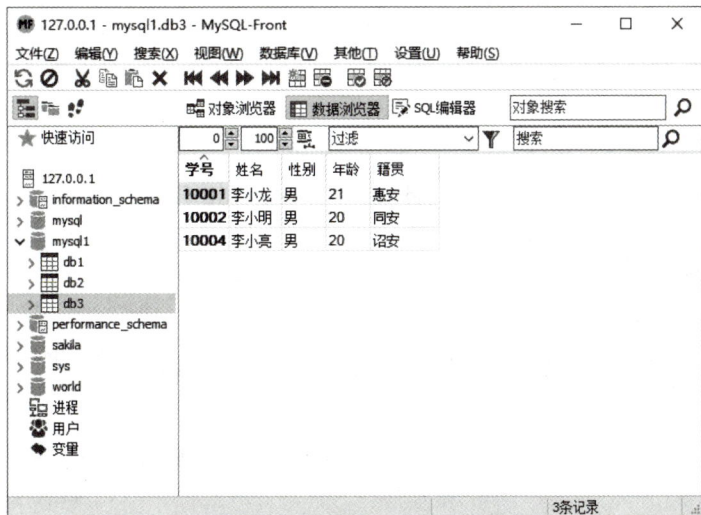

图 10.10 删除性别为"女"的记录

6. 删除数据表 drop table 语句

可以使用 drop table 语句删除数据表，其语法格式如下。

```
drop table table_name
```

各选项的含义如下。

table_name：指定要删除的数据表名。

10.3　上机练习

（1）在数据库 mysql1.db 中创建 grade 表，并输入若干条记录。

打开 Python 编辑器，输入如下代码，保存为 10.9.py，并调试运行。

```
import pymysql                                              #导入 pymysql 库
con=pymysql.connect("host=localhost","user=root","passwd=mysql","database=
mysql1")                                                   #创建数据库连接
cur=con.cursor()                                           #创建游标
#创建数据表结构
cur.execute("""
create table grade(学号 VARCHAR(5) primary key not null,
                姓名 VARCHAR(6) not null,
                性别 VARCHAR(2),
                语文 Int(2),
                数学 Int(2),
                英语 Int(2)
                )
            """)
#插入记录
cur.execute("""insert into grade values("90001","张源","男",78,81,84)""")
cur.execute("""insert into grade values("90002","骆明飞","男",80,73,87)""")
cur.execute("""insert into grade values("90003","陈东","女",77,83,80)""")
cur.execute("""insert into grade values("90004","李小鹏","男",90,79,82)""")
cur.execute("""insert into grade values("90005","王浩然","女",72,75,70)""")
con.commit()                                               #提交事务
cur.close()                                                #关闭游标
con.close()                                                #关闭数据库连接
```

运行后，打开 MySQL-Front 管理工具，展开 mysql1.db 数据库，选择 grade 表，单击"数据浏览器"按钮，显示如图 10.11 所示。

（2）在数据库 mysql1.db 中查询 grade 表的英语成绩大于 80 分的学生信息，显示字段依次为学号，姓名，英语。

打开 Python 编辑器，输入如下代码，保存为 10.10.py，并调试运行。

```
import pymysql                                              #导入 pymysql 库
con=pymysql.connect("host=localhost","user=root","passwd=mysql","database=
mysql1")                                                   #创建数据库连接
cur=con.cursor()                                           #创建游标
```

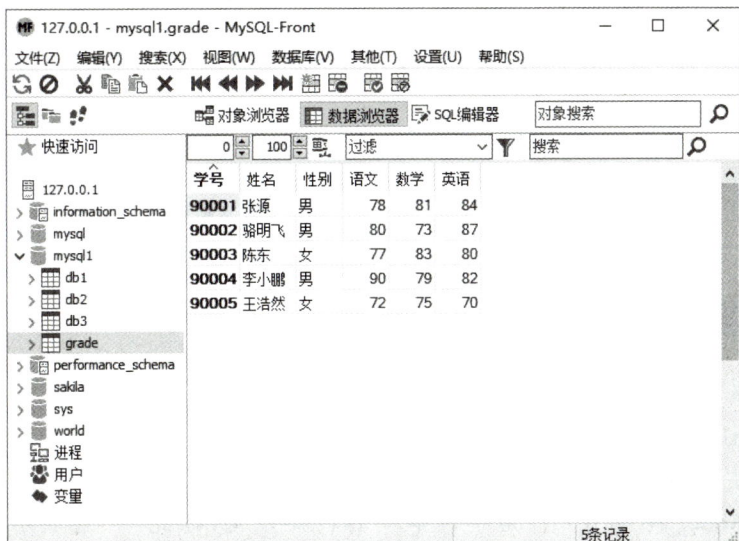

图 10.11 grade 表记录

```
cur.execute("""select 学号,姓名,英语 from grade where 英语>80""")
                                        #查询英语大于 80 分的记录
print("学号","姓名","英语")
for row in cur.fetchall():              #循环获取查询结果集的行
    print(row[0],row[1],row[2])
con.commit()                            #提交事务
cur.close()                             #关闭游标
con.close()                             #关闭数据库连接
```

运行结果如图 10.12 所示。

```
=========== RESTART: D:/教材编写/中学生Python程序设计基础/书上源码/10章源码/10.10.py ===========
学号 姓名 英语
90001 张源 84
90002 骆明飞 87
90004 李小鹏 82
>>>
```
Ln: 130 Col: 12

图 10.12 英语成绩大于 80 分的记录

（3）向 luo7.txt 文件中写入内容，并输出写入后的 luo7.txt 文件内容。

打开 Python 编辑器，输入如下代码，保存为 10.11.py，并调试运行。

```
str=["秦时明月汉时关,万里长征人未还。","但使龙城飞将在,不教胡马度阴山。"]
fp=open("D:\\教材编写\\中学生 Python 程序设计基础\\书上源码\\10 章源码\\luo7.txt","r+")
                                        #打开文件
for str1 in str:
    fp.seek(0,2)                        #设置当前指针为文件末尾处
    fp.write(str1+"\n")                 #向文件写入字符串内容
fp.seek(0,0)                            #设置当前指针为文件开始处
print(fp.read())                        #读取文件内容并输出
    fp.close()
```

运行结果如图 10.13 所示。

```
============ RESTART: D:/教材编写/中学生 Python 程序设计基础/书上源码/10章源码/10.11.py ============
秦时明月汉时关，万里长征人未还。
但使龙城飞将在，不教胡马度阴山。
>>>
                                                                    Ln: 178 Col: 4
```

图 10.13　向 luo.txt 文档写入内容并输出

10.4　习题

1. 填空题

（1）在 Python 中，可以用_____函数打开文件。

（2）文件主要包括_____和_____两种。

（3）在 Python 中，由于"\"是字符串中的转义字符，因此"\"在表示路径时，需用_____或_____代替。

（4）在 Python 中，read()方法用于从文件中读取指定的字符数，如果未给出参数或参数值为负数则读取_____。

（5）在 Python 中，_____方法用于关闭一个已打开的文件。

（6）数据库管理系统的主要功能有_____、_____和数据库维护。

（7）在 Python 中，_____函数用于删除回车符或换行符。

（8）在 Python 中，_____函数用于将对象中对应的元素打包成一个 tuple。

（9）在 Python 中，使用 Python 操作 MySQL 数据库，需要安装_____模块。

2. 选择题

（1）下列（　　）选项不是 Python 对文件的读操作方法。

　　A. read　　　　　　B. readline　　　　　C. readlines　　　　D. readtext

（2）在 SQL 语句中，用于更新数据表的语句是（　　）。

　　A. update　　　　　B. insert into　　　　C. select　　　　　D. del

（3）以下选项中，不是 Python 对文件的打开模式的是（　　）。

　　A. "r"　　　　　　B. "w"　　　　　　C. "rb"　　　　　D. "c"

（4）一门课程可以有多名学生选修，以下选项中描述了实体课程和学生之间联系的是（　　）。

　　A. 1∶1　　　　　　B. 1∶N　　　　　　C. N∶M　　　　　D. N∶1

（5）在 select 语句中，用于对数据表记录进行分组的语句是（　　）。

　　A. order by　　　　B. where　　　　　C. group by　　　　D. from

（6）在 select 语句中，用于对数据表记录进行统计的函数是（　　）。

　　A. sum()　　　　　B. count()　　　　　C. avg()　　　　　D. cumsum()

（7）在 Python 中，当打开一个文件不存在时，以下描述正确的是（　　）。

　　A. 一定会报错　　　　　　　　　B. 根据打开类型不同，可能不报错

　　C. 不存在文件，将无法打开　　　D. 文件若不存在，则自动创建

（8）下列程序段中,关于变量 x 描述正确的是(　　)。

```
>>>fp=open("file1","r")
>>>for x in fp:
        print(x)
>>>fp.close()
```

　　A. 变量 x 表示文件中的一个字符　　　　B. 变量 x 表示文件中的所有字符

　　C. 变量 x 表示文件中的一行字符　　　　D. 变量 x 表示文件中的一组字符

（9）下列选项中,不是数据库模型的是(　　)。

　　A. 层次模型　　　　B. 网状模型　　　　C. 关系模型　　　　D. 组织模型

（10）在 SQL 语句中,drop table 语句的作用是(　　)。

　　A. 创建数据表　　　B. 查询记录　　　　C. 插入记录　　　　D. 删除数据表

3. 编程题

（1）使用 Python 创建一个 MySQL 数据库和数据表,并输入若干条记录。

（2）将列表["关山三五月,客子忆秦川。","思妇高楼上,当窗应未眠。","星旗映疏勒,云阵上祁连。"]写入 luo8.txt 文件中,并输出写入后的 luo.txt 文件内容。

参 考 文 献

[1] 董付国,应根求.中学生可以这样学 Python[M].北京:清华大学出版社,2019.

[2] 江红,余青松.Python 程序设计与算法基础教程[M].北京:清华大学出版社,2017.

[3] 王学军,胡畅霞,韩艳峰.Python 程序设计[M].北京:人民邮电出版社,2018.

[4] 嵩天.Python 语言程序设计[M].北京:高等教育出版社,2018.

[5] 张思民.Python 程序设计案例教程[M].北京:清华大学出版社,2018.

[6] 刘春茂,裴雨龙等.Python 程序设计案例课堂[M].北京:清华大学出版社,2017.

[7] 明日科技.Python 从入门到精通[M].北京:清华大学出版社,2018.

[8] 李宁.Python 从菜鸟到高手[M].北京:清华大学出版社,2018.

[9] 胡松涛.Python 网络爬虫实战[M].北京:清华大学出版社,2018.

[10] 闫俊伢.Python 编程基础[M].北京:人民邮电出版社,2016.

[11] 刘浪.Python 基础教程[M].北京:人民邮电出版社,2015.

[12] 骆焦煌.Python 程序设计基础教程[M].北京:清华大学出版社,2019.